Heidrun Kuhlmann
Das Bier riecht nach dem Fass
95-mal Luther für die Alltage des Lebens

Heidrun Kuhlmann

DAS BIER RIECHT NACH DEM FASS

95-mal Luther
für die Alltage
des Lebens

SCM Hänssler

SCM

Stiftung Christliche Medien

© der deutschen Ausgabe 2013
SCM Hänssler im SCM-Verlag GmbH & Co. KG · 71088 Holzgerlingen
Internet: www.scm-haenssler.de; E-Mail: info@scm-haenssler.de

Die Bibelverse sind, wenn nicht anders angegeben, folgender Ausgabe entnommen:
Lutherbibel, revidierter Text 1984, durchgesehene Ausgabe in neuer Rechtschreibung
2006, © 1999 Deutsche Bibelgesellschaft, Stuttgart

Umschlaggestaltung: Jens Vogelsang, Aachen
Titelbild: fotolia.com
Satz: Satz & Medien Wieser, Stolberg
Druck und Bindung: CPI – Ebner & Spiegel, Ulm
Gedruckt in Deutschland
ISBN 978-3-7751-5444-4
Bestell-Nr. 395.444

Inhalt

Vorwort

Die Zeit war reif für Veränderungen.

Christoph Kolumbus entdeckte Amerika und Vasco da Gama den Seeweg nach Indien. Nikolaus Kopernikus stellte das damals herrschende Weltbild auf den Kopf, als er behauptete, dass die Erde sich um die Sonne dreht – und nicht umgekehrt. Die Menschheit stand am Übergang vom Mittelalter zur Neuzeit.

Martin Luther, ein hochbegabter und gebildeter junger Mann, hatte eine aussichtsreiche Karriere vor sich. Nach dem Willen seines Vaters sollte er Jurist werden. Der Lebensentwurf stand.

Als er am 2. Juli 1505 in der Nähe von Stotternheim von einem heftigen Gewitter überrascht wurde, betete er in Todesangst: »Hilf du, heilige Anna, ich will ein Mönch werden!« Wir aufgeklärten Menschen von heute würden sagen: »Schlaf erst einmal eine Nacht darüber. Es ist verständlich, dass ein Mensch in solch extremen Situationen überreagiert.«

Für Luther war das Erlebnis von Stotternheim ein Wendepunkt. In sein Leben war etwas eingebrochen, das ihn getrieben hat, das größer war als er selbst.

»Wie bekomme ich einen gnädigen Gott?« Diese Frage hat ihn nicht zur Ruhe kommen lassen. Sie hat in ihm mit einer Wucht rumort, die wir uns wohl kaum vorstellen können. Eines Tages ist Luther aufgegangen, was ihn und danach die weltweite Kirche verwandelt hat: Gott ist ein liebender Vater. Gott gibt dem Menschen seinen Wert und seine Würde, jenseits dessen, was er zustande bringt.

Du musst keine Angst haben, ob du wirklich gut genug bist. Du musst nicht rackern bis zum Umfallen, um dir selbst und Gott und anderen zu beweisen, dass du tatsächlich etwas taugst. Du bist geliebt. Und wen Gott reich macht, der kann die Welt bereichern, der hat den Kopf, das Herz und die Hände frei, um viel Gutes zu bewirken.

Nach dieser Erkenntnis hat Luther gesagt: »Da fühlte ich mich wie neu geboren, als sei ich geradewegs durch geöffnete Tore in das Paradies selbst eingetreten.«

Aus welcher Kraft hat dieser Mann gelebt? Was hat ihn, der sich oft mit Schwermut geplagt hat, immer wieder von Freude singen lassen? Was hat ihm diese Stärke gegeben, um mutig vor den Kaiser und die kirchlichen Würdenträger zu treten? Diesem Geheimnis möchte ich nachspüren!

Ich finde unsere Lebensthemen bei Luther wieder: Angst, Depression, Verlieren, was einem lieb ist, an sich zweifeln, Fehler machen, sich nicht abfinden wollen und können mit dem, was aus dem Ruder läuft. Wie ist es möglich, auf der Erde, mit allem, was uns am Boden hält, die Kraft des Himmels zu spüren?

In bekannten Lutherworten habe ich vieles gefunden, das uns an- und aufregen kann, das uns wertvolle Impulse zu einer christlichen Lebenskunst gibt.

Die Theologen mögen es mir nachsehen, wenn die Recherchen lückenhaft sind, wenn sie einer kritischen Prüfung nicht immer standhalten. Mich bewegt das Geheimnis eines Mannes, der Geschichte machen sollte, obwohl er sich selbst nie als »Macher« gesehen hat.

Mich bewegt das Geheimnis eines Mannes, der voller Widersprüche war – und sich damit in der Gnade Gottes aufgehoben wusste. Er wollte das Evangelium von Jesus Christus in das Leben, in die Alltage der Menschen buchstabieren. Wenn davon in diesem Buch etwas aufflackert, dann wäre ich sehr glücklich.

Die Zeit ist reif für Veränderungen, immer wieder.

Ich grüße Sie herzlich,
Ihre Heidrun Kuhlmann

1. Jeden Morgen neu anfangen

»Wenn der erste Knopf richtig geknöpft ist, dann passen auch die anderen«, so habe ich es als Kind gelernt. Der erste Knopf ist der wichtigste. Er entscheidet über alles Weitere.

Die erste Stunde des Tages ist ähnlich wichtig. Ich kenne Menschen, die gut gelaunt und voller Tatendrang das Bett verlassen. Sie begrüßen den Tag mit ein paar Atemübungen und einem kleinen Gymnastikprogramm am offenen Fenster. Chapeau. – Die anderen kenne ich auch. Sie kommen nur schwer in Gang, möchten am liebsten unter der warmen Decke weiterkuscheln und ringen mit sich selbst um jede Minute. – Ich denke auch an die Mamas und Papas, die morgens um halb sechs von ihren Kindern unsanft geweckt und zu einem »Kaltstart« gezwungen werden. Der Morgen hat viele Gesichter. Die einen sagen: »Früher Vogel fängt den Wurm«, die anderen haben das Motto: »Der frühe Vogel kann mich mal!«.

Die erste Stunde ist entscheidend für den Tag. »Wovon sollen wir träumen«, singt Frida Gold im Radio vor der Unwetterwarnung. Schnell noch die Mails checken, den Abholzettel für die Reinigung suchen und die Heimatzeitung durchblättern. »O nein, der DAX ist gesunken und Oma wartet auf einen Anruf.« – »Jetzt ist es aber höchste Zeit. Wo habe ich denn den Schirm?«

Möchte ich das wirklich, so oder ähnlich? – Ich habe beschlossen, Körper, Seele und Geist etwas Zeit zu gönnen, damit sie sich auf den Tag einstimmen können. Bevor ich wie der Hamster in das Rad klettere, bevor ich mir von der Stimmung anderer meine eigene Stimmung diktieren lasse, bevor mich Aufgaben, Nachrichten und Menschen in Beschlag nehmen, möchte ich mich erst einmal daran erinnern, dass Gott auch an diesem Tag gegenwärtig ist. Es gibt viele gute Texte, die vom Himmel, der die Erde berührt, erzählen. Das gönne ich mir. Dieser Tag ist ein Geschenk des Lebens an mich, einmalig und kostbar. Er kommt nie wieder.

Wenn ich Luthers »Morgensegen« anschaue, dann habe ich den Eindruck, dass der Reformator nach dem »Manna-Prinzip« gelebt hat. Als das Volk Israel vor 2 500 Jahren durch die Wüste gezogen ist, als Essen und Trinken knapp und knapper wurden, da hat Gott jeden Morgen »Manna« vom Himmel regnen lassen. Es war ein Wunder. Für jeden Tag war genug da. Jedoch nicht auf Vorrat! Immer nur für einen Tag. Luther hatte eine lebendige Quelle, aus der er reichlich geschöpft hat. »Erneuerbare Energie« sagen wir heute. Luther hatte Zugang zu Gottes Reichtum, Geist und Kraft. Kann es sein, dass wir heute so schnell müde und erschöpft sind, weil wir meinen, wir müssten die Kraft aus uns selbst schöpfen?

Des Morgens, wenn du aufstehst,
kannst du dich segnen mit dem Zeichen
des heiligen Kreuzes und sagen:
Das walte Gott Vater, Sohn und Heiliger Geist! Amen …
Alsdann mit Freuden an dein Werk gegangen und etwa
ein Lied gesungen oder was dir deine Andacht eingibt.

Jeden Morgen können wir neu anfangen. Der Tag liegt wie ein unbeschriebenes Blatt vor uns. Wir sind nicht auf das festgelegt, was gestern war. Wir können heute besser machen, was gestern nicht gut war. Wir können heute Worte sagen, zu denen wir gestern noch nicht in der Lage waren. Heute trauen wir uns etwas, wozu uns gestern noch der Mut fehlte.

Ich bin gespannt, Gott, womit du mich überraschen und trösten wirst. Vor mir liegt ein neuer Tag. Was immer er bringen wird, welche Wege er mich führen wird, du bist da.

2. Freiheit und Verantwortung

Bundespräsident Joachim Gauck hat uns die wichtige Verbindung von Freiheit und Verantwortung ans Herz gelegt. Freiheit ist ein kostbares Gut. Das weiß besonders der zu schätzen, der sie schon einmal entbehren musste und vermisst hat. Wählen können, seine Meinung äußern dürfen, nicht bespitzelt und beschnitten werden, ein Recht auf Bildung und Chancen haben ... diese Freiheit gilt es zu feiern, zu fördern und zu nutzen.

Es gibt Menschen, die verstehen unter Freiheit: »Ich kann tun und lassen, was ich will.« Nein, diese »Freiheit« meint Joachim Gauck nicht. Ihm geht es darum, dass der Mensch seine Begabung, seine Zeit und seine Kraft einbringt und damit einen Beitrag zum Gelingen des Ganzen leistet.

Er schreibt: »Unsere Fähigkeit zur Verantwortung gehört zum Grundbestand des Humanum.« Das ist ein starker Satz. Wir dürfen uns nicht aus der Verantwortung herausmogeln. Wer zu einer Familie gehört, der genießt Rechte, die teilweise sehr angenehm sind. Wer zu einer Familie gehört, hat aber auch Pflichten, im Rahmen seiner Möglichkeiten. Zehnjährige, die einen Computer meisterhaft bedienen können und mit ihrem Skateboard in einer Halfpipe geschickt unterwegs sind, sind durchaus in der Lage, einen Geschirrspüler auszuräumen oder im Herbst Laub zu harken. Wer zur Familie gehört, hat keinen Anspruch auf eine Rundumversorgung ohne Gegenleistung. Darum geht es. Auch in der Menschheitsfamilie.

Rosa Luxemburg (1871–1919) hat gesagt, dass die Freiheit eines Menschen immer nur so weit gehen darf, dass die Freiheit des anderen dadurch nicht beschnitten wird. Darüber können wir lange nachdenken. Es gibt viel zu entdecken. Ich habe die Freiheit, Musik zu hören, aber nur so laut, dass ich andere damit nicht belästige. Ich habe die Freiheit, bis in die Morgenstunden zu feiern, aber mein Chef erwartet mich zu Recht um 7.00 Uhr am Arbeitsplatz.

Rauchen ist erlaubt, wenn andere dabei nicht gegen ihren Willen zugequalmt werden.

Wir leben in einem der freiesten Länder dieser Welt. Halleluja. Aber sind wir auch innerlich frei? Freifrauen von und zu? Freiherren von und zu? Wie gehen wir in Freiheit und Verantwortung mit dem, was uns aufgegeben ist, um? Wann sagen wir Ja? Wann sagen wir Nein? Wann ist Zeit zum Tun und wann ist Zeit zum Lassen?

Ein Christenmensch ist ein freier Herr über alle Dinge und niemandem untertan.
Ein Christenmensch ist ein dienstbarer Knecht aller Dinge und jedermann untertan.

Vor Gott muss der Mensch sich beugen. Er muss sich verantworten, wenn er gefragt wird (frei nach dem Hauptmann von Köpenick): »Watt haste jemacht mit dein'n Leben?« Vor der großen Ordnung des Lebens muss der Mensch sich beugen. Alles andere ist zu kurz gedacht.

Aber dies gilt auch: Wir müssen uns nicht von Möchtegern-Diktatoren in unserem Umfeld unter Druck setzen lassen. Niemand hat das Recht, uns so sehr zu vereinnahmen, dass uns die Puste ausgeht. Niemand hat ein Recht, uns so sehr die Flügel zu beschneiden, dass wir verkümmern. Wie gelingt das Miteinander von Freiheit und Verantwortung?

Wer in der Nähe Gottes lebt, ergebnisoffen betet »Dein Wille geschehe«, der kann aufrecht und frei durch die Welt gehen. Frei von dem Druck, etwas darstellen zu müssen. Frei für die Menschen, die uns anvertraut sind – und für die Welt, die uns aufgegeben ist.

3. Loslassen, zulassen, gelassen sein

Sie ist eine Powerfrau. Kluges Zeitmanagement beherrscht sie aus dem Effeff. Für das, was sie an einem Tag leistet, brauchen andere Menschen zwei oder drei Tage. Ihre Wohnung ist mit viel Geschmack eingerichtet. Alles ist tipptopp. Sie ist weit gereist, belesen und kreativ. Ich staune immer wieder über ihren großen Freundeskreis, den sie mit Geschick und Liebe aufgebaut hat und pflegt. Wie macht sie das nur, mit Pilates, Omapflichten und Ehrenämtern? – In einer stillen Stunde gesteht sie: »Ich spüre, dass dieser Lebensstil einen hohen Preis fordert. Ich bin ruhelos, wie eine Getriebene, die ständig unter Strom steht.«

Szenenwechsel: Auf dem Titelbild einer Gartenzeitschrift sehe ich einen Gärtner im Liegestuhl. Er hat es sich mit einem Buch und einem Tee in einer ruhigen Ecke bequem gemacht. Neben ihm blüht eine Kletterrose. Der Gärtner hat gegraben, gesät, gepflanzt, gegossen, gedüngt und gejätet: alles, was nötig war. Und nun ruht er aus. »Abwarten und Tee trinken.« Er kennt den Rhythmus der Natur.

Alles hat seine Zeit. Arbeiten und ausruhen. Säen und wachsen lassen. Alles Menschenmögliche zum Gelingen hat er beigetragen und ist nun auf den Segen Gottes angewiesen. Tun, was zu tun ist und gleichzeitig wissen: Das Wesentliche geschieht im Verborgenen – ohne unser Zutun!

Zwei unterschiedliche Lebenswelten. Die Powerfrau und der Gärtner. Wem fühlen wir uns näher?

Wenn ich mal wieder ungeduldig bin, erinnere ich mich gerne an diese Geschichte: Ein Landwirt ist neidisch auf seinen Feldnachbarn. Bei dem steht der Weizen schon viel höher als bei ihm. Es ist nicht zu fassen! Was soll er tun? In einer Nachtaktion, als ihn keiner sieht, hilft er nach und zieht seine Weizenhalme in die Höhe … Über so viel Dummheit können wir nur lachen! Aber seltsam: Ich ertappe mich oft dabei, dass auch ich »nachhelfen« möchte, damit die Dinge (und Menschen) sich nach meinen Vorstellungen entwickeln. »Komm, da geht noch was. Dies noch und das noch.«

Während ich hier sitze und ein Wittenbergisch Bier trinke, läuft das Evangelium.

Martin Luther hat viel gearbeitet. In nur elf Wochen hat er das Neue Testament aus dem Griechischen übersetzt. Er hat unzählige Briefe geschrieben, Predigten und Vorlesungen gehalten. Heute würden wir ihn als »Workaholic« bezeichnen. Luther war ein Getriebener.

Und gleichzeitig konnte er sich am Abend hinsetzen und sein Wittenbergisch Bier trinken. Er wusste: Das Wesentliche kann ich nicht machen, das muss mir geschenkt werden. Ich habe gepredigt, aber ob meine Worte Menschen bewegen und ihre Kraft entfalten werden, habe ich nicht in der Hand.

Diese Gelassenheit wünsche ich mir. »Guter Gott, ich habe das Beste gegeben, was mir möglich war. Jetzt bist du dran. Bei manchem Menschen reicht meine Liebe nicht aus; da musst du entweder einen anderen schicken oder dich selbst kümmern. Ich habe mir Mühe gegeben – vor allem mit den Kindern. Nun pass du auf sie auf, mit der Liebe, die ich für sie empfinde, oder einer noch größeren.«

Ich möchte am Abend loslassen können, was meinen Tag ausgefüllt, was mich beschlagnahmt hat, wofür ich mich zuständig weiß, was ich versäumt habe. Ich möchte zulassen, dass ich unvollkommen bin, nicht alles kontrollieren und lenken kann. So stelle ich mir Gelassenheit vor: loslassen, zulassen, gelassen sein.

4. Ein fröhliches Tauschen

»Hast du die Sondermarken von den Olympischen Spielen 1972 in München?« Als Kinder haben wir Briefmarken getauscht. Stundenlang saßen wir mit unseren Zigarrenkisten, Sammelalben und Katalogen zusammen.

Heute werden im Internet Tauschbörsen angeboten. Das, was ich nicht mehr brauche, gebe ich ab und bekomme dafür etwas, was ich mir sonst vielleicht nicht leisten könnte. Die Landfrauen bieten Staudenbörsen an. Sogar Häuser werden getauscht: Eine Familie am Steinhuder Meer tauscht während des Urlaubs ihr Haus mit einer Familie am Bodensee.

In Kirchengemeinden habe ich eine besondere Art von Tauschbörse als eine sehr segensreiche Einrichtung kennengelernt. Da heißt es dann: »Ich kann gut Hemden bügeln und brauche jemand, der für mich einkauft« oder »Ich kann deiner Tochter bei den Hausaufgaben helfen, dafür würde ich mich freuen, wenn du für mich Gardinen wäschst«. Tauschen ist eine gute Sache. Menschen ergänzen sich. Jeder hat etwas zu bieten und jeder ist bedürftig! Wir leben vom Geben und Nehmen.

Martin Luther spricht von einem Tausch der besonderen Art:

Du hast auf dich genommen, was mein ist,
und mir gegeben, was dein ist.
Du hast auf dich genommen, was du nicht warst,
und hast mir gegeben, was du warst.

Er nennt das den »fröhlichen Wechsel«. Das war sein leidenschaftliches Thema: Gott wird klein und macht den Menschen groß. Gott kommt vom Himmel auf die Erde, damit die Erde nicht mehr ohne den Himmel ist. Gott nimmt unsere Schwäche und schenkt uns seine Kraft. Er nimmt unsere Fehler, unseren Murks und schenkt uns seine Gnade. Er nimmt die begrenzte Zeit, die wir

Menschen zur Verfügung haben (selbst 90 Jahre gehen schnell vorüber!) und lässt uns an seiner Ewigkeit teilhaben. Er nimmt unseren Mangel und schenkt uns seine Fülle. Er nimmt unseren Kummer und lässt uns etwas vom großen Schalom ahnen.

Glauben wir das? Leben wir das? Die Bibel ist voll von Tausch- oder Verwandlungsgeschichten.

Eine Frau hat seit 18 Jahren einen krummen Rücken, einen Buckel: Ihr Blick geht nach unten. Was wissen wir schon von dem, was einen Menschen krumm macht, auf seinen Schultern liegt, was ihn niederdrückt, nach unten zieht, was an Leistungsdruck, an eigenen und fremden Erwartungen auf ihm lastet? Der Körper spiegelt viel von der Seele, von dem, was sich über die Jahre an Groll, Druck, Eifersucht und Kränkungen abgelagert hat.

Jesus richtet diese Frau auf. Was ihren Rücken krumm gemacht hat, das löst sich. Sie kann den Himmel sehen und die Menschen. Sie kann wieder aufrecht durchs Leben gehen. Jesus nimmt die Verkrümmung eines Menschen und lehrt ihn den aufrechten Gang.

Ein fröhlicher Wechsel! Verwandlungen sind möglich.

Gott kommt in die Welt, damit unsere Welt nicht ohne ihn sein muss. Wir können neue Gedanken denken und die alten in Rente schicken. Wir sind nicht mehr allein unterwegs, sondern mit Gott. Und der will mit uns tauschen. Schreiben Sie doch mal auf, was Sie gerne tauschen würden. Solches Tauschen kann Ihr Leben verändern.

Übrigens: Falls jemand in Meran für zwei Wochen im Herbst seine Wohnung mit einer Schaumburgerin tauschen möchte, bitte melden!

5. Wenn Worte ihren Duft entfalten

Die Bibel ist das meistgedruckte Buch der Welt. Weit dahinter kommen »Worte des Vorsitzenden Mao Tse-tung«, »Das Kommunistische Manifest« von Karl Marx und Friedrich Engels, »Der Herr der Ringe« von J.J.R. Tolkien.

Die Bibel ist das meistverbreitete Buch der Welt. Sie steht bei vielen Menschen im Regal. Im Ledereinband, illustriert von Rosina Wachtmeister, Friedensreich Hundertwasser oder Marc Chagall, im Taschenbuchformat für unterwegs.

Martin Luther hat die Bibel geliebt, hat mir ihr gelebt, hat sie den Menschen mit seiner Übersetzung ins Deutsche zugänglich gemacht. Alle sollten teilhaben am »Herrschaftswissen«, sollten Gottes Wort selbst studieren können.

Die Bibel steckt voller Weisheit und Dramatik, voller Liebesgeschichten, Mord und Totschlag. Der Leser findet Zuspruch und Anspruch, Inspiration und Irritation, Geschichten über das Woher, Wozu und Wohin allen Lebens, über den Glanz des Menschen und seine Abgründe.

Die Heilige Schrift ist ein wunderbares Kräutlein,
je mehr du es reibst, desto mehr duftet es.

Aus der Bibel ist viel erwachsen: Das Wissen um die Freiheit und die Würde des Menschen, die Zehn Gebote als Werteraster, die Ehrfurcht vor dem Leben, Nächstenliebe und Zivilcourage. Aus der Bibel kennen wir Begriffe wie »Hiobsbotschaften«, »alt werden wie Methusalem«, »zur Salzsäule erstarren«, »auf Sand bauen«, »jemandem die Leviten lesen«, »Sodom und Gomorrha« oder »Perlen vor die Säue werfen«.

In den meisten Hotelzimmern liegt eine Bibel, aber Hand aufs Herz: Wird sie eifrig gelesen und studiert? Spielt sie eine Rolle an Küchentischen, als Lebensbegleiter, Kursbuch und Vademekum für Geist und Seele? Sehen unsere Bibeln gelesen aus: mit Notizzetteln gespickt, mit Eselsohren und anderen Gebrauchsspuren?

»Ich habe versucht, in der Bibel zu lesen«, sagen viele, »aber ich finde keinen Zugang.« – »Ich weiß nicht, wie ich Gottes Wort mit meinem Leben verknüpfen kann.« Mark Twain hielt solchen Einwänden entgegen, er habe keine Probleme mit den Stellen, die er nicht verstehe; ihn machten gerade die unruhig, die ihm bekannt und verständlich seien!

Martin Luther hat gesagt: »Ich lese die Bibel, wie ich meinen Apfelbaum ernte: Ich schüttele ihn, und was herunterkommt und reif ist, das nehme ich. Das andere lasse ich noch hängen.« Das ist ein guter Rat. Worte und Einsichten erreichen uns nur dann, wenn wir dafür reif sind.

»Willst du gesund werden?«, fragt Jesus einen Lahmen. »Was für eine Frage! Natürlich!« – »Dann steh auf und geh!«, sagt Jesus. – Was uns lähmt, was uns auf Sparflamme leben lässt, was uns die Freiheit nimmt – das können wir verlassen und einen neuen Weg einschlagen. Was heißt das? Nehmen wir diese Geschichte mal eine Woche lang mit zur Arbeit, in unsere Beziehungen, in unsere Denkmuster und Gewohnheiten. Wenn wir normalerweise sagen: »Das geht nicht mit dem ›Steh auf und geh!‹«, dann begeben wir uns auf Entdeckertour: »Schauen wir mal, was alles geht!«

Jeder Mensch ist geprägt: von Gedanken, Geschichten und Bildern, von den Erfahrungen, die er gemacht hat, von Eltern und Lehrern, die ihm die Welt gedeutet haben. Die Bibel mutet uns zu, dass wir neu, von Gott her denken. Sie hält einen unermesslichen Reichtum bereit. Je mehr wir suchen, fragen und wagen, desto mehr wird sie vom Lesebuch zum Lebebuch. Der Duft des Himmels breitet sich aus.

6. Fehlerfreundlich

»Wer schläft, der sündigt nicht!«, so heißt es in einem bekannten Sprichwort. »Wer nichts macht, der macht auch nichts verkehrt!« Stimmt das? »Eine weiße Weste kann auch ein Zeichen dafür sein, dass wir uns nicht mit Ruhm bekleckert haben.« Dieser Satz lässt mich aufhorchen!

Es gehört zum Menschsein dazu, dass wir Fehler – vielleicht auch schlimme Fehler – machen, dass wir schuldig werden oder etwas schuldig bleiben. Die Zahl der Vollkommenheit ist die Sieben. Der Mensch hat auf dem Würfel seiner Möglichkeiten jedoch nur die Zahlen von Eins bis Sechs zur Verfügung. Vollkommenheit ist eine Illusion; jedenfalls, solange wir auf dieser Erde leben.

Wir fahren bei Rot über die Ampel oder nehmen das Angebot des Handwerkers an, ohne Rechnung 100 Euro zu sparen. Wir mischen uns in Dinge ein, die uns nichts angehen, und halten uns vornehm zurück, wenn wir uns einmischen müssten. Na ja, jeder weiß selbst, um was es geht. Hoffentlich werden wir niemals so berühmt, dass die Medien Gefallen daran finden, unsere Peinlichkeiten und unsere Schuld ans Licht der Öffentlichkeit zu zerren. Während Gott den Menschen Gnade verspricht, ist unsere Gesellschaft im Verurteilen und Bloßstellen eher gnadenlos.

Schuldig zu werden gehört zum Menschen dazu. Es zieht sich wie ein roter Faden bereits durch die Bibel. Eva nimmt sich, was ihr verboten war. Kain erschlägt seinen Bruder Abel. Jakob betrügt seinen Bruder Esau. David begeht Ehebruch mit der Frau seines Offiziers.

Sei ein Sünder und sündige tapfer,
aber stärker glaube und freue dich in Christus.

Martin Luther wurde von der Frage umgetrieben: »Wie bekomme ich einen gnädigen Gott?« Einen Gott, dem ich gut genug bin, der mich liebt mit allem, was zu mir gehört. Neben Luthers beeindruckendem Lebenswerk, für das wir ihn bewundern und feiern, hat er schlimme Fehler begangen. Seine Haltung gegenüber den Juden schreit zum Himmel.

»Kyrie eleison«, singen wir im Gottesdienst, »Herr, erbarme dich«. Darin hat alles seinen Platz, was wir von zu Haus, aus den Alltagen des Lebens mitbringen.

Wir leben auf keiner Insel der Seligen. Wir können eifersüchtig sein, und wie! Wir haben Menschen in der Familie, die trinken. Es gibt Beziehungen, die nicht gelungen sind. Wir haben alle unsere Achillesfersen; einiges, von dem wir hoffen, dass es nie herauskommen wird. Es kommt viel Jammer zusammen, wenn wir ehrlich sind. Und hoffentlich verstecken und verdrängen wir das nicht, hoffentlich reden wir es nicht mit frommen Worten glatt.

Wo nichts schiefgehen darf, wird so lange etwas vertuscht, bis es Schaden in uns anrichtet. Wo soll der hin mit dem, was nicht perfekt ist, wenn er doch immer perfekt sein möchte? Wo hohe Moral gepredigt wird – auf Kanzeln, in Talkshows oder auf Familienfeiern –, da können wir sicher sein, dass der Moralist manches in sich trägt, was niemand für möglich hält.

»Sündige tapfer«, das ist keine Einladung zu »Wurschtigkeit« und »billiger Gnade«. Das sagt jemand mit einem sensiblen Gewissen und einem fast neurotischen Unrechtsbewusstsein. Immer wieder ist Luther zur Beichte gegangen. Er hat unter seiner Unvollkommenheit gelitten. Trotz allem, was zu ihm gehört, hält Martin Luther daran fest: Gott macht mich gut durch seine Güte, durch Christus.

7. Der Bumerang kommt zurück

»Dem habe ich es gegeben! Das hättest du erleben sollen. Vor allen anderen habe ich ihn zur Schnecke gemacht.« – Und dann? Wie fühlen wir uns nach einem solchen »Triumph«? Wie ein Sieger, von uns selbst überzeugt und bedeutend?

Wer so aufgetrumpft hat, der mag eine Schlacht gewonnen haben, aber er hat dabei auch viel verloren. So etwas nennt man einen »Pyrrhus-Sieg«. Es ist etwas zu Bruch gegangen, das wahrscheinlich nie wieder zu kitten ist. »Die Schüssel hat einen Sprung bekommen«, beschreibt es eine Freundin. Ist es das wert?

Kennen Sie den Spruch »Wir begegnen uns im Leben immer zweimal«? Stellen Sie sich vor, Sie begegnen dem, den Sie klein gemacht haben, im Krankenhaus wieder: als Pfleger, der Ihnen die Pfanne ins Bett stellt. Stellen Sie sich vor, Sie treffen ihn als Lehrer Ihrer Kinder in kniffligen Situationen wieder. Oder als Betriebsprüfer, der Ihnen vom Finanzamt ins Haus geschickt wird. Gut, so schlimm muss es ja nicht gleich kommen.

Mag sein, dass wir im Recht gewesen sind, als wir uns über einen Menschen geärgert haben. Mag sein, dass ein klärendes Gewitter nötig war … Aber gleichzeitig gilt: Wir nehmen bei solchen »Attacken« immer nur einen kleinen Ausschnitt aus dem Leben des anderen wahr. Was wissen wir von ihm, von seinen kleinen und großen Tragödien, von dem, was ihn zu dem hat werden lassen, wie er ist?

Psychologen sagen, dass in Menschen, die zur Aggressivität neigen, die den starken Otto spielen, meist eine große Angst steckt. Und vielleicht lebt manche »Ziege« mit sich selbst auf Kriegsfuß und braucht viel Liebe und Wertschätzung. Wer weiß.

Du schadest dir selbst am allermeisten,
wenn du einen anderen schädigst.

Wenn ich mit anderen nicht versöhnt bin, werde ich selbst keinen Frieden finden. Da ist etwas in mir, das mich bis in die Nächte verfolgt, das sogar die Biochemie des Körpers und den Herzrhythmus verändern kann. Wir können noch so viel meditieren und Frommes oder Kluges lesen: Wenn wir mit den Menschen an unserer Seite nicht versöhnt sind, wenn etwas zwischen uns nicht geklärt ist, dann sind wir nicht frei, dann ist etwas blockiert! Wir haben keinen offenen Blick. Wir schaden uns selbst. Der Bumerang, den wir losgeschickt haben, kommt zurück.

Jeder braucht Verständnis und Vergebung. Ausnahmslos. Wem das noch nicht klar ist, der hat wohl noch die eine oder andere Erfahrung vor sich. – Wer selbst schon einmal Verständnis und Vergebung gesucht und erlebt hat, dem bleibt das schlechte Reden und schnelle Urteilen über andere im Hals stecken. Er wird ein weites Herz für die Schwächen eines Menschen haben.

»Und vergib uns unsere Schuld, wie auch wir vergeben unseren Schuldigern«, so beten wir es in jedem Vaterunser. Es ist ein Geben und Nehmen. Wie kann ich Gnade für mich beanspruchen und sie einem anderen nicht gewähren? Ich kann mit Gott nicht im Reinen sein, wenn ich mit Menschen unversöhnlich bin. »Behandle den anderen so, wie du selbst von ihm behandelt werden möchtest!« – Das ist ein anspruchsvoller Satz, mit dem wir ein Leben lang nicht fertig werden.

Ich bin nicht immer so, wie ich sein möchte. Ich setze nicht immer um, was ich mir vorgenommen habe. Bitte, liebe Mitmenschen, geht behutsam mit mir um. Ich will auch behutsam mit euch umgehen.

8. Alles ist im Werden

Im Keller steht noch das Fotolabor aus den Achtzigerjahren. Bevor die Digitalfotografie ihren Siegeszug angetreten hat, haben wir Schwarz-Weiß-Fotos selbst entwickelt. Das belichtete Fotopapier wurde in ein Entwicklerbad gelegt, dann warteten wir auf den spannenden Moment, als immer mehr vom Bild sichtbar wurde, bis es dann letztendlich voll entwickelt vor uns lag.

Leben ist immer im Wachstum, in der Entwicklung. Wir sind niemals fertig, niemals perfekt – obwohl sich einige Menschen das wünschen.

Mit den Jahren lasse ich das eine oder andere Fettnäpfchen aus. Inzwischen weiß ich, was meinem Körper guttut und was ihn überfordert.

Ich weiß, dass etwas gleich zu tun besser ist, als aufzuschieben. Unordnung gar nicht erst aufkommen und um sich greifen zu lassen, ist besser, als Unordnung im großen Stil zu beseitigen. Ich muss keinem mehr etwas beweisen. Wenn ich sage, was ich denke und fühle, ist das besser, als anderen nach dem Mund zu reden oder zu schweigen. Mit 58 weiß ich mehr als mit 30. Wenn ich alte Fotos anschaue, dann denke ich: »Wie konnte ich nur …«

Das christliche Leben ist nicht ein Frommsein,
sondern ein Frommwerden,
nicht ein Gesundsein, sondern ein Gesundwerden;
nicht Sein, sondern ein Werden;
nicht Ruhe, sondern eine Übung.
Wir sinds noch nicht, wir werdens aber.
Es ist nicht getan und geschehen,
es ist aber im Gang und Schwange.
Es ist nicht das Ende, es ist aber der Weg.
Es glühet und glänzet noch nicht alles,
es bessert sich aber alles.

Wenn es gut geht, entwickeln wir uns immer mehr zu dem Menschen, den Gott sich gedacht hat. »Es glühet und glänzet noch nicht alles«, aber wir sind auf dem Weg. Manches wird erst vollendet, wenn wir im Himmel sind. Bis dahin ist jede Begegnung, jeder Tag, jede Erfahrung eine Lektion zum Klugwerden.

Die Weisheit in uns ist noch im Werden!

»Es glühet und glänzet noch nicht alles.« Luther war ein faszinierender Mann. Aber auch er war an Raum und Zeit gebunden. Kopernikus hatte gerade herausgefunden, dass die Erde sich um die Sonne dreht und nicht umgekehrt. Dresden hatte ungefähr 3 000 Einwohner. Der Erkenntnishorizont war im 16. Jahrhundert ein anderer als heute. Luther trug noch viel vom Mittelalter in sich. Damals hat man Behinderte als Geschöpfe des Teufels gesehen. Heute kann ein Grundschüler plausibel erklären, wofür Martin Luther den Teufel verantwortlich gemacht hat.

Mit Internet und Facebook, mit Xavier Naidoo, Kirchentagen und den Wise Guys wäre während der Reformation manches anders gelaufen. Aber Luther hat in seiner Zeit gelebt. Er konnte weder »googeln« noch im ICE reisen.

Das Leben ist ein Werden. Wir sind noch nicht, was wir mal sein werden. Die Knospe ist noch nicht voll aufgeblüht. Wir leben noch in Versuch und Irrtum. Ab und zu spiegeln wir etwas von Gottes heilender Nähe wider – um uns gleich darauf an einem anderen Menschen wieder wund zu reiben. Wir möchten vertrauen können – und erleben, wie uns die Angst im Griff hat. Wir haben vieles erkannt – und ahnen umso mehr, wie wenig wir wissen.

Es ist tröstlich, sehr tröstlich: »Es glühet und glänzet nicht alles«, aber wir sind auf einem guten Weg.

9. Wenn die Seele erschöpft ist

Die Seele ist erschöpft und traurig. In unterschiedlichen Ausprägungen, Tendenz steigend. Es gibt viele Ursachen dafür: Chronische Überforderung, mangelnde Anerkennung, belastende Lebensumstände, Schulden, Versagensangst, dunkle Geschichten aus der Kindheit, Liebeskummer, vieles zu nah an sich herankommen lassen. Die Liste ist lang.

Draußen scheint die Sonne, aber Sie können sich nicht an ihr freuen. Sie gehen in die Kirche, aber das, was Ihnen weiterhelfen könnte, erreicht Sie nicht. Eine Freundin lädt Sie in ein Konzert ein, aber Sie lassen sich nicht locken. Was Sie früher begeistert hat, lässt Sie jetzt kalt. Sie sind müde und aufgekratzt zugleich, leer, reizbar und ausgebrannt.

Ernest Hemingway, Hermann Hesse, Vincent van Gogh, Whitney Houston und Britney Spears kannten solche Zustände. Vier Millionen Deutsche sind wegen Depressionen in Behandlung, finden nicht mehr aus eigener Kraft aus ihrer Schwermutshöhle heraus.

Sag jetzt nur keiner: »Mensch, reiß dich zusammen. Es gibt doch so viel Schönes in deinem Leben.« Rede jetzt niemand vom »positiven Denken«. Bitte keine klugen Sprüche jetzt!

Martin Luther war ein tiefgläubiger Mann, der sich trotzdem immer wieder mit sich selbst und dem Leben geplagt hat. Vieles hat an ihm gerüttelt, hat ihm zugesetzt. Lange Zeit galt er als vogelfrei, wurde von Kaiser und Papst verfolgt, hatte jede Menge Feinde. Der Schwarze Tod ging in Wittenberg um. Er hat ein Drittel der europäischen Bevölkerung dahingerafft. Zwei Kinder sind Luther zu seinen Lebzeiten gestorben. Was er sich an Arbeitspensum zugemutet hat, war unglaublich. Er hatte etwas in Gang gesetzt, was die natürlichen Kräfte eines Menschen übersteigt. Der Körper meldete sich mit Nieren- und Gallenkoliken, mit Verdauungsstörungen, Rheuma und Schwindelattacken.

Wer mit dem Geist der Traurigkeit
geplaget ist,
der soll sich aufs Höchste hüten und fürsehen,
dass er nicht allein sei.

Nicht allein bleiben, wenn die Seele erschöpft und traurig ist – das hat Martin Luther richtig eingeschätzt. Nur nicht allein bleiben! »Auf böse und traurige Gedanken gehören ein gutes, fröhliches Lied und ein freundliches Gespräch.«

Ich weiß, es gelingt nicht immer, aber Menschen können uns neu ins Leben locken, wenn wir den Geschmack daran verloren haben. Es könnte sich wohl so mancher Gang zum Psychotherapeuten erübrigen (der in vielen Fällen allerdings unersetzlich ist), wenn Menschen echte Freunde, gute Zuhörer und achtsame Weggefährten hätten.

»Sprechenden Menschen kann geholfen werden!« Reden tut gut. Luft an die düsteren Stimmungen lassen, damit sich etwas lösen kann. Manchmal müssen wir uns etwas von der Seele reden oder schreiben, weil wir sonst daran ersticken würden. Nicht allein bleiben, uns nicht zurückziehen, wenn die Seele erschöpft und traurig ist, ist ein guter Rat.

Nur nicht allein bleiben, keine falsche Scham haben, die Not nicht verstecken, sondern Hilfe suchen. Gott und Menschen, Ärzte und Freundinnen bestürmen. Ja, wir dürfen uns ihnen zumuten, und das bleibt hoffentlich nicht ohne Wirkung.

10. Haben wir etwas von dem, was wir haben?

Stefanie ist immer wieder für Überraschungen gut, für große Einsichten, für Philosophie im Alltag. »Haben wir etwas von dem, was wir haben?«, fragte sie. – Damit hat sie uns im Gesprächskreis einen Abend lang beschäftigt.

Sofort fiel mir der Spruch ein, den eine passionierte Hobbygärtnerin an ihren Gartenzaun gehängt hatte: »Erst hatte ich einen Garten. Jetzt hat der Garten mich.« Das passiert schneller, als wir denken. Erst war es ein Traum, aus jeder Ausgabe der Zeitschrift »LandLust« neue Ideen umzusetzen – mittlerweile habe ich keine Muße mehr, um die vielen schönen lauschigen Ecken ganz in Ruhe zu genießen.

Habe ich etwas von dem, was ich habe? Ist es Lebensqualität – oder hat es mich nach und nach in Besitz genommen? Wir können unsere Wohnung, unser Haus von oben bis unten durchgehen und uns fragen: Habe ich etwas von dem, was ich habe? Macht es mein Leben reicher, bunter, schöner?

Erst war ich begeistert davon, meine Kreise immer größer zu ziehen, viele Termine, viele Kontakte, viele Aufgaben – mit zunehmendem Alter überlege ich, wie ich die Kreise wieder verkleinern kann. Das Wenige intensiver zu pflegen heißt für mich: Weniger ist mehr.

Wer etwas besitzt, muss dessen Herr bleiben und darf nicht dessen Knecht werden.

Im Stadtmuseum von Goslar habe ich gelernt, dass wir Menschen im 21. Jahrhundert etwa 10 000 Gegenstände besitzen. Ob das stimmt? Vor zweihundert Jahren besaß ein Mensch etwa 100 Gegenstände. Das ist ein Unterschied.

Wen wundert es, dass heute Bewegungen wie »Simplify your life« ein Renner sind, dass es mittlerweile »Wegwerfberater« gibt. Immer mehr Menschen haben die Sehnsucht, ihr Leben zu vereinfachen, um Raum für sich selbst, für Kreativität, für neue Gedanken und Gemeinschaft mit anderen zu schaffen. Unsere jungen Leute haben oft einen deutlichen Hang zum Minimalismus. Weniger anhäufen, mehr leben: Ist es das? »Wir wollen uns nicht so lange in Haus und Garten aufhalten, der Tag hat uns doch noch etwas Größeres zu bieten!« Über diesen Satz einer jungen Frau habe ich lange nachgedacht.

Besitz ist weder gut noch schlecht. Aber bitte: Er soll uns nicht besitzen. Luther hat das gut erkannt. Lasst euch von dem, was ihr habt, nicht an Ketten legen. Bewahrt euch Spielräume. Wie viele Männer und Frauen investieren ihre besten Kräfte, um sich einen gehobenen Lebensstandard leisten zu können – und haben dann letztlich nicht viel von dem, was sie haben? Wer schafft es schon, all die vielen wunderbaren Bücher zu lesen, die CDs zu hören, die DVDs anzuschauen?

Uns Heutige treibt eine große Unruhe: »Wenn ich das noch habe, dann …« Können wir uns über schöne Dinge nur freuen, wenn wir sie besitzen? Kann ich mich über Rosen im Garten der Freundin nicht genauso freuen? Wenn ich sie besuche, hätten wir Gelegenheit, unsere Freundschaft zu genießen. Besitz soll uns nicht besitzen, sondern bereichern!

Noch einmal denke ich an Stefanie: »Haben wir etwas von dem, was wir haben?«

11. Das Leben feiern

Eine Gruppe von Forschern war im Urwald unterwegs. Die Männer wollten die Tier- und Pflanzenwelt des oberen Amazonas erkunden. Sie freuten sich, dass sie schnell vorankamen, denn sie hatten sich viel vorgenommen. »Weiter, schnell weiter«, das war ihr Plan.

Am Morgen des dritten Tages blieben die Einheimischen, die als Träger und Ortskundige dabei waren, mit ernsten Mienen vor ihren Zelten sitzen und machten keine Anstalten zum Aufbruch. Der Expeditionsleiter konnte sich das nicht erklären und fragte, ob die Einheimischen vielleicht mehr Geld wollten oder mit dem Essen unzufrieden seien. »O nein, Herr«, war die Antwort. »Wir müssen nur ein bisschen warten, bis unsere Seelen nachgekommen sind. Bei diesem Tempo kommen sie nicht hinterher!«

Die Seele nachkommen lassen. Das ist gut gesagt, aber schwer umzusetzen. Wenn die Tage voll sind, kann das, was wir erleben, nicht in uns nachklingen. Auch das Schöne und Wertvolle nicht. Zack, zack, weiter geht's. Wir haben einen Film gesehen, der uns berührt hat. Und dann? Dann kommen die Tagesthemen. Wir hören von der Eurokrise und einem Tankerunglück, zappen durch 50 Programme und gehen zu Bett. Wie kann es da gelingen, die Seele nachkommen zu lassen?

Längst bevor Menschen über »Work-Life-Balance«, über Entschleunigung und Auszeiten nachgedacht haben, hat Gott den Sonntag geschaffen. Einen Tag hat er uns geschenkt, an dem wir Abstand gewinnen dürfen von dem, was uns ansonsten in Beschlag nimmt. Einen Tag gibt es, an dem wir keinem beweisen müssen, dass wir etwas können und dass wir etwas sind. Einen Tag gibt es, da dürfen wir feiern, dass das Leben eine Herrlichkeit ist und wir mittendrin.

Wer angespannt ist, darf entspannen. Wer ein großes Pensum bewältigen muss, darf die Arbeit niederlegen, Musik hören, gut essen, Briefe schreiben oder den Vögeln zuschauen. Der Sonntag ist als Kontrastprogramm zum Alltag gedacht.

Wer die Woche über im Garten gerackert hat, der kann jetzt in genau diesem Garten Erdbeertorte genießen oder Bowle trinken – und wenn ihm danach ist, kann er ein paar Freunde dazu einladen. Ohne großen Aufwand. Wer die ganze Woche schick gekleidet sein muss, darf sich jetzt im Schlabberlook auf das Sofa lümmeln.

 Man kann Gott nicht nur mit Arbeit dienen, sondern auch mit Feiern und Ruhen.

Die Kühe müssen gemolken und die Tomaten gegossen werden. Klar. Der Ofen wird angeheizt. Gewiss. Aber anders. Sonntäglich sozusagen.

Der Tisch ist schöner und üppiger gedeckt als sonst, mit dem guten Geschirr, mit frischen Blumen, mit Frühstücksei. Heute wird gefeiert. »Unser Leben sei ein Fest, Jesu Geist in unserer Mitte«, singen wir in der Kirche. Wer Bewegung braucht, mag wandern. Wir können intensiver mit denen sprechen, die uns lieb und nahe sind. Wir können spielen und lesen, all das, was sonst an Lebendigkeit zu kurz kommt. Wenn es gut geht, können wir abschalten – das fängt beim Handy an.

Für Martin Luther gehörte zum Sonntag noch etwas anderes: Gottes Nähe suchen und feiern, dem Geheimnis des Lebens nachspüren, über das Hier und Jetzt zu dem, was uns versprochen ist, hinausschauen.

Die Seele nachkommen lassen und das Leben feiern, dazu lädt uns der Sonntag ein.

12. Hoffnungsmenschen pflanzen Bäume

»Der Mann, der die Bäume pflanzte« ist eine Kurzgeschichte des französischen Schriftstellers Jean Giono. Sie handelt von einem Schäfer, der eine karge Gegend in der Provence aufforstete. Nachdem er seine Frau und seinen Sohn verloren hatte, entschied er sich für ein Leben in der Einsamkeit. Als er erkannte, dass die ganze Gegend wegen eines Mangels an Bäumen absterben würde, unternahm er etwas dagegen. Er säte Bäume. En passant. Nach vielen Jahren war ein Wald gewachsen, die Landschaft veränderte sich, es gab wieder Wasser in den Brunnen, und Menschen kehrten in die Dörfer zurück, die sie einst verlassen hatten.

Wer Bäume pflanzt, der denkt an die Zukunft. Die Kinder werden die Kastanien ernten von einem Baum, den der Großvater gepflanzt hat. Sie werden sich ein Baumhaus bauen in der Buche, die mittlerweile 50 Jahre alt ist.

Wenn ich wüsste, dass morgen die Welt untergeht,
würde ich dennoch heute einen Apfelbaum pflanzen.

Wir wissen nicht sicher, ob das Zitat wirklich von Martin Luther stammt, aber es würde gut zu ihm passen. Er war ein Hoffnungsmensch, trug ein trotziges »Dennoch« in sich. Für ihn war die Zukunft mit positiven Bildern besetzt.

Ja, wir müssen sterben – aber bis dahin wollen wir leben, intensiv leben. Sicher, die Weltwirtschaft steckt in einer tiefen Krise, was an Atomwaffen eingesetzt werden konnte, was uns als Prognosen für die Entwicklung des Klimas präsentiert wird, das kann uns gehörig Angst einflößen. Die Szenarien haben etwas Bedrohliches. Wir wollen tun, was nötig ist. Wir wollen leben, lieben und fröhlich sein.

Wer morgens im Radio eine Unwetterwarnung hört, kann den ganzen Tag lang denken: »Das wird schlimm! – Was mag da alles auf uns zukommen?« Luther würde sagen: Bis es so weit ist, lass uns die Zeit nutzen. Komm, wir machen was draus. Wir arbeiten weiter, wir putzen trotzdem die Küche, wir saugen trotzdem die Teppichböden, wir schreiben trotzdem die Geburtstagskarte an Brigitte und Günter. Wir gehen trotzdem zum Friseur. Wir trinken trotzdem einen Kaffee mit der Freundin.

Ja, es mag sein, dass unser Leben demnächst durcheinandergewirbelt wird, wodurch auch immer. Mag sein, dass uns genommen wird, was uns ans Herz gewachsen ist. Krebs, Schlaganfälle und Herzinfarkte bekommen nicht nur die anderen. Aber bis es so weit ist, wollen wir Gutes tun, die Zeit nutzen und Bäume pflanzen.

»Leben bis zuletzt« ist das, was den Mitarbeitern der Hospizbewegung am Herzen liegt. Ja, das Leben ist endlich – aber verabschiede dich nicht zu früh aus der Welt, von der Musik, von Freunden, von Gelegenheiten zu Glück und Zärtlichkeit und Gottesnähe. »Es geht nicht darum, dem Leben mehr Tage zu geben, sondern den Tagen mehr Leben«, sagt Cicely Saunders (1918– 2005), die britische Pionierin der modernen Hospizbewegung.

Ich gehe heute unter den Bäumen, die meine Mutter vor 55 Jahren im Bückeberg gepflanzt hat. Ich freue mich an der 700 Jahre alten Linde neben unserer romanischen Kirche in Kathrinhagen. Und hoffentlich werden sich die Kinder an dem freuen, was ich ihnen hinterlassen werde.

Was die Zukunft für uns bereithält, wissen wir nicht. Aber eines ganz bestimmt: die offenen Arme Gottes.

13. Gestern, heute und morgen

Im Rahmen einer Studienreise hatten sie in Jerusalem die heiligen Stätten besucht. Es war ein berührendes Erlebnis, dort zu stehen, wo Jesus vor 2 000 Jahren gebetet, gesprochen und Menschen geheilt hat: am See Genezareth, am Ölberg, auf der Via Dolorosa. Die Reisebegleiterin sagte: »Hier ist Jesus gewesen – aber noch mehr: Hier ist er auch jetzt gegenwärtig!«

Alle stutzten: Was meinte sie damit?

Jesus war nicht nur eine historische Gestalt, die dann wieder von der Bildfläche verschwand. Er ist gegenwärtig mit seinem Geist, seiner Liebe und seiner Kraft. Kein Ort und kein Augenblick sind ohne ihn. Mit Jesus hat eine neue Weltzeit begonnen. Wir zählen die Jahre in »vor Christus« und »nach Christus«, sogar die Japaner und die Chinesen.

Die Geburt Jesu in Bethlehem
ist keine einmalige Geschichte,
sondern ein Geschenk, das ewig bleibt.

Martin Luther liebte das Weihnachtsfest mit seinem Lichterglanz und seiner Freude. Gott kommt in die Welt. Der heilige Gott macht sich auf den Weg zum Menschen, kommt auf Augenhöhe. Der Himmel berührt die Erde. Wen wundert's, dass Martin Luther zu dem Lied »Vom Himmel hoch, da komm ich her« inspiriert war.

Und jetzt kommt das, was ein Mensch nicht fassen kann: Im Stall von Bethlehem hat alles angefangen. Seitdem dürfen wir an der Geschichte der Liebe, des Friedens, der Freude, des Füreinanderdaseins mitwirken. Gott sucht Freundinnen und Freunde, die das in die Welt bringen, was er der Welt so gerne schenken möchte. Damit in unserer Welt nicht alles beim Alten bleibt, werden Menschen wie Sie und ich gebraucht, die Gott einen Platz in ihrem

Herzen einräumen. Wir alle sind wichtig mit unserer Begabung zum Brückenbauen, zum Anpacken, zum Trösten und Ermutigen.

Eine Legende erzählt: Zwei Mönche machen sich auf den Weg, um Gott zu finden. Sie suchen ihn überall in der Welt, wochenlang sind sie unterwegs. Ohne Erfolg. Am Ende ihrer Reise stehen sie wieder im Kloster, vor ihrer Zelle. Sie öffnen die Tür und staunen nicht schlecht: Da sitzt Gott und sagt: »Wo wart ihr denn so lange? Ich habe hier die ganze Zeit auf euch gewartet.« Gott ist da, hier und jetzt.

Für Martin Luther war klar: Gott will im Menschen wohnen, um dann – als natürliche Folge – durch Menschen in der Welt wirksam zu sein.

Es kann heil werden, was nicht heil ist. Es kann hell werden, was dunkel ist. Es kann groß werden, was klein ist. Es kann stark werden, was schwach ist. Sind wir dazu bereit? Haben wir offene Türen und Herzen? Mit Gott leben, arbeiten und im Gespräch sein, Ehrenämter übernehmen, uns einmischen, Alte begleiten, Kinder bekommen, Lebensräume gestalten, Kranke besuchen, schenken, die Welt in Gebrauch nehmen.

Wir sind nicht nur Menschen dieser Erde, mit dem umfangreichen Programm, das dazugehört. Wir sind auch Menschen des Himmels. Wann immer wir Gott in unser Leben hereinbitten, verändert sich etwas. Jesus ist gegenwärtig, gestern, heute und morgen. Was die Reisegruppe in Jerusalem erkannt hat, übersteigt unser Denkvermögen bei Weitem. Wenn's gut geht, erreicht es aber unser Herz!

14. Ein Lied für alle Fälle

Musik tut gut. Sie spricht den Menschen in seinem Innersten an. Gestandene Männer bekommen feuchte Augen, wenn sie das Lied des Soldaten am Wolgastrand aus der Operette »Der Zarewitsch« hören: »Hast du dort oben vergessen auch mich, es sehnt doch mein Herz nach Liebe sich. Du hast im Himmel viel Engel bei dir. Schick doch einen davon auch zu mir.«

Auf den Baumwollfeldern in den amerikanischen Südstaaten haben Sklaven ihre trotzigen Widerstandslieder gesungen: »We shall overcome« und »Nobody knows the trouble I've seen«. Mitten in unvorstellbaren Schikanen haben sie sich mit dem Glanz des Himmels getröstet und beim Singen Durchhaltekraft bekommen. Das gab ihren Herzen einen ordentlichen Schubs.

Mütter und Väter sitzen abends an den Betten ihrer Kinder und singen Lieder von Geborgenheit und dem weiten, freundlichen Himmel über uns. »Weißt du, wie viel Sternlein stehen?«

»Die Gedanken sind frei« – das Lied gehört zum Repertoire von Menschen, die meinen, nicht alles sagen und leben zu dürfen. Aber zumindest denken, träumen und empfinden wollen sie es. Sie haben sich in ihrem Herzen einen Raum für die Freiheit bewahrt: »Und sperrt man mich ein im finsteren Kerker, das alles sind rein vergebliche Werke.«

Welche Lieder berühren unsere Herzen, bringen in uns etwas zum Klingen?

»Somewhere Over The Rainbow«, »Tears In Heaven«, das »Halleluja« aus Händels Messias, »Denn alles Fleisch, es ist wie Gras« aus dem Deutschen Requiem von Brahms, der »Gefangenenchor« aus Verdis Nabucco, »Ich möchte nie erwachsen sein« von Peter Maffay gehören für mich dazu.

Wichtig ist, dass wir im Innersten berührt werden – tiefer als mit Worten –, dass wir den Ton des Lebens spüren, der in uns wohnt!

Die Erfahrung zeigt, dass nach dem heiligen Wort Gottes nichts so sehr und so hoch zu rühmen ist wie die Musik. Nichts auf Erden ist wirksamer, sie macht die Traurigen fröhlich und die Fröhlichen traurig, die Verzagten herzhaft, reizt die Hochmütigen zur Demut, stillt und dämpft die hitzige und übermäßige Liebe, mindert Hass und Neid. Ja, wer könnte alle Bewegungen des menschlichen Herzens aufzählen, die die Leute lenken. Nichts ist wirksamer als die Musik, diese Bewegungen des Gemüts im Zaum zu halten und zu lenken.

Martin Luther hat die Musik geliebt. Im Familienkreis hat er gerne zur Laute gegriffen. »Ein feste Burg ist unser Gott« gilt als die Hymne der Reformation. Luther war ein Liedermacher. Er hat auf damals bekannte, eingängige Melodien – Gassenhauer würden wir sie heute nennen – neue Texte geschrieben.

Unsere jungen Leute heute tun sich schwer mit seiner Musik. Natürlich. Die lutherischen Oldies sind inzwischen 500 Jahre alt! Unsere Zeit braucht neue Melodien und neue Texte – und Menschen, die gerne singen und musizieren, damit sich die Herzen öffnen und in uns etwas zum Klingen kommt. Das wäre ganz im Sinne Luthers.

Singen stärkt das Immunsystem und die Vitalität, sagen die Wissenschaftler. Christen haben etwas Besonderes: ein Lied für alle Fälle. Sie können damit ihre Wut und ihren Dank, ihre Einsamkeit und ihre Not, ihren Jubel und ihre Trauer ausdrücken.

15. Verliebt ins Gestalten

»Egal, welchen Beruf ihr wählt, ich wünsche euch sehr, dass ihr mit Begeisterung dabei seid, dass ihr aus eurer besonderen Begabung etwas machen könnt.« So habe ich es meinen Kindern immer gesagt und habe sie in eine Textilreinigung in Rinteln mitgenommen. Ich habe ihnen die Chefin gezeigt, der man anspürte, dass sie gerne arbeitete. Sie hat die Menschen mit ihrer Freundlichkeit beschenkt, hatte für jeden ein gutes Wort und gab ihren Kunden des Gefühl: Sie sind willkommen, mit allem, was Sie mitbringen! Dieses positive Bild von Arbeit hat mich stark beeindruckt.

Es erinnert mich an einen Satz von Arthur Rubinstein: »Ich spiele so gerne Klavier, dass ich es auch umsonst tun würde. Gott sei Dank wissen das meine Konzertagenten nicht.«

Das Gegenteil gibt es auch: Männer und Frauen, die mit 40 schon von der Rente träumen, von unbegrenzter Freizeit. Es ist schade, wenn Menschen keine Freude am Gestalten haben oder wenn sie an ihrem Arbeitsplatz in Strukturen stecken, die überfordern, verletzen und nach unten ziehen, die ermüden und die Freude rauben. Es fehlt die Anerkennung. Es fehlt der gute Lohn für gute Arbeit.

Der Mensch ist zur Arbeit geboren
wie der Vogel zum Fliegen.

Für Martin Luther lagen Beruf und Berufung dicht beieinander. Er platzierte die Arbeit in der Nähe des Gottesdienstes. Der Mensch ist mit dem Geist des Schöpfers beschenkt und darf nun schöpferisch gestalten.

So weit, so gut. Aus dem »protestantischen Arbeitsethos« hat sich etwas entwickelt, das ich nur schwer mit Luthers »Gnadenlehre« zusammenbekomme. Arbeiten ist gut. Ist dann viel arbeiten noch besser?

Es heißt doch, dass der Wert eines Menschen nicht von dem, was er leistet, abhängig ist. Was ist mit einem Menschen, der für das Bruttosozialprodukt nicht viel aufzuweisen hat, aber mit seiner Behinderung eine ungeheure Leistung erbringen muss? Wie ist das mit Menschen, die arbeiten möchten, aber nicht arbeiten können? Viele Fragen tun sich auf!

Verliebt sein ins Gestalten, das ist ein großes Thema. Gerne arbeiten – ob es sich um etwas Großes oder Kleines handelt. Jeder Mensch besitzt etwas, das er zum Gelingen des Lebens beitragen kann. Eine kann gut rechnen, sich einfühlen oder Marmelade kochen. Einer hat den sogenannten »grünen Daumen«, ihm liegt das Wohl seines Ortes am Herzen. Er ist begabt zum Elternvertreter oder Vereinsvorsitzenden, sie kann Füße pflegen oder mit älteren Menschen singen.

Nichtstun kann auch schön sein, gewiss. Aber wenn die Bedingungen stimmen – und für die müssen wir kämpfen –, dann gilt, was Luther sagt: »Der Mensch ist zur Arbeit geboren wie der Vogel zum Fliegen.« Das »Bebauen und Bewahren« ist ihm aufgegeben.

Ich treffe unterwegs viele Frauen, die ins Gestalten verliebt sind. Sie betreiben Hofläden und Cafés, sie stellen Käse oder Pralinen her, sie bauen ihre leer stehenden Scheunen zu Ferienwohnungen oder Tagungsräumen um, sie bieten einen Cateringservice an, gehen in die Kommunalpolitik – und das mit viel Know-how und Herz. Das Glück, das daraus erwächst, steht ihnen ins Gesicht geschrieben.

16. Leben auf weitem Raum

»Wenn du deine Biografie schreiben würdest: Welchen Titel würdest du wählen?« – Eine spannende Frage, die wir uns in einem Seminar mit 20 Frauen gestellt haben. »Auf dem roten Teppich und fest auf der Erde«, das passt sehr gut zu Loki Schmidt. Senta Berger hat sich für »Ich hab's ja gewusst, dass ich fliegen kann« entschieden. Volker Lechtenbrink wählte einen Satz von Shakespeare: »Gib die Dinge der Jugend mit Grazie auf!« Und für die Erinnerungen an Regine Hildebrandt wählten die Herausgeberinnen den Titel »Erzählt mir doch nich, dasset nich jeht!«. Welchen Titel würde ich wählen?

Ein Wort, das mich seit Langem begleitet und beflügelt, stammt aus Psalm 31: »Du stellst meine Füße auf weiten Raum.« Das könnte mein Titel sein.

In der Kindheit haben mich Sätze geprägt wie: »Das gehört sich nicht« und »Was sagen denn die Leute?«. Das war viel Klein-Klein-Denken, viel Schwarz-Weiß statt Farbe. Es gab Verbote, Vorurteile und Vorschriften, aber wenig Spielräume. Das, was wir heute das »Krabbenkorb-Phänomen« nennen, kenne ich sehr gut aus eigener Erfahrung: Du wirst zurückgehalten, wenn du aus den Normen deiner Umgebung, aus dem Gewohnten, aus dem, was alle tun, ausbrechen möchtest.

»Du stellst meine Füße auf weiten Raum«, ja, das würde ich als Überschrift über meine Biografie wählen – teils aus Erfahrung, teils aus Sehnsucht.

Die Hilfe Gottes ist unser weiter Raum,
der uns frei und fröhlich macht.

Martin Luther hat diesen weiten Raum für sich entdeckt, obwohl er in seiner Kindheit Enge erlebt hat – und Enge hat etwas mit Angst zu tun. Luther hatte Angst vor dem strengen Vater, Angst vor einem strengen Gott, den er sich als gnadenlosen Weltenrichter vorstellte. Erstaunlich, dass er später den Mut hatte, gegen die Kirche und den Kaiser einen frischen Wind wehen zu lassen, auszubrechen aus der Enge des alten Denkens, der alten Festlegungen, aus allem, was sich eingeschliffen hatte und was als »heilige Kuh« im Raum stand. Und auch der Aufbruch aus dem Kloster, aus dem Zölibat zu seiner Käthe war bestimmt kein leichter!

»Du stellst meine Füße auf weiten Raum.« Viele Frauen haben mir erzählt, dass sie jahrelang versucht haben, es allen recht zu machen, für alle da zu sein. Als sie dann von einer Krankheit oder Enttäuschung mitten im Leben ausgebremst wurden, haben sie gesagt: »Ich muss keinem mehr etwas beweisen; ich spiele das Spiel so nicht mehr weiter!« – Man muss wohl erst etwas mitgemacht haben, sich am eigenen Limit wund gescheuert haben, um etwas zu verändern. Wie kann das gelingen – für andere mit einem weiten Herzen da zu sein und trotzdem einen gesunden Abstand zu halten, uns nicht vereinnahmen zu lassen?

»Du stellst meine Füße auf weiten Raum.« Keine Angst haben vor der Reaktion der anderen, mutig etwas verändern. Keine Angst haben, dies und jenes könnte passieren – sondern wissen: Egal, was geschieht und wohin ich auch komme, Gott ist längst da! Was hält uns auf, die »Laufställe unseres Alltags« zu verlassen und den weiten Raum einzunehmen und schön zu machen? Was hält uns auf, mal das Gegenteil von dem zu denken, was wir bislang gedacht haben, die Welt mit Gott zu denken?

Nun weiß ich, unter welcher Überschrift ich mir mein Leben wünsche. Haben Sie schon eine Idee für Ihren Titel?

17. Mit leichtem Gepäck unterwegs

Unsere Kirchengemeinde Kathrinhagen-Rolfshagen liegt am Pilgerweg von Loccum nach Volkenroda. Es ist uns ein vertrautes Bild: Pilgerinnen und Pilger ziehen mit einem mehr oder weniger großen Rucksack auf ihrem Rücken durch das Auetal. Leicht soll der Rucksack sein, nur das Nötigste enthalten. Die Erfahrung lehrt, dass jedes Pfund im Lauf der Zeit auf geheimnisvolle Weise schwerer wird. »Was ist unbedingt erforderlich und auf was kann ich getrost verzichten?«

Der Rucksack ist ein schönes Symbol für das Gepäck, mit dem wir unterwegs sind. Es ist erstaunlich, was ein Mensch alles mit sich herumträgt. Wir haben hohe Erwartungen an uns selbst, haben ein ganz bestimmtes Bild von uns, das wir nach außen zeigen möchten. Und wir haben viel damit zu tun, diesem Bild immer zu entsprechen.

Was tragen wir bei uns? Ein Mammutprogramm an Verpflichtungen. Enttäuschungen und Erinnerungen, die wir nie verarbeitet haben; Versäumtes und Ungeklärtes; Beziehungen, die belasten oder zerbrochen sind. Je gewissenhafter ein Mensch ist, desto mehr hat er an seinem Verantwortungsbewusstsein zu tragen. Es ist gar nicht immer die Arbeit, die uns belastet, sondern dass wir uns für unsere Kinder, Eltern, Freunde und die Ämter mit oder ohne Ehre verantwortlich fühlen.

Da wünschen wir uns eine Marscherleichterung. Der Druck auf den Schultern ist bereits bei den Bandscheiben angekommen. Die Gelenke sind überlastet, das Herz arbeitet auf Hochtouren. Kein Wunder, wenn die Pilger sich mit allem, was sie im Gepäck haben, neu sortieren möchten.

Bei einem Seminar in Loccum haben 15 Frauen einen Bollerwagen mit allem, was zu unserem Leben gehört, beladen. Mit einer Zeitung, die für die vielen Nachrichten stand, die auf uns einströmen. Mit einer Uhr, die unsere begrenzte Zeit symbolisierte. Mit einem Spiegel, der fragte, wie wir von uns selbst denken. Mit Steinen, die an das erinnerten, was uns schwer im Magen liegt. Mit einem Plakat unter dem Titel »Is dat Kunst oder kann dat wech?«, das auf das viele, manchmal viel zu viele in unserem Leben aufmerksam machte. Wir haben über das Schöne und Schwere unserer Gepäckstücke gesprochen und dann alles ausgepackt. Schließlich haben wir überlegt, wie wir es nach unserem Gedankenaustausch, neu bewertet, neu sortiert, in den Wagen zurücklegen möchten. Das war spannend.

Eine nahm sich vor, eine Beziehung, die feststeckte, neu zu beleben. Eine wollte sich nicht mehr als Opfer von Menschen und Umständen fühlen, sondern selbst entscheiden, wie sie ihr Leben künftig gestaltet. Eine meinte, sie müsse Nein sagen lernen. Eine kam auf die Idee, sich Hilfe zu holen in der »Rushhour« ihres Lebens. Es gab hilfreiche Anregungen. Marscherleichterung ist möglich!

Beten heißt:
Gott den Sack vor die Füße werfen.

Von Martin Luther können wir lernen, unsere Last bei Gott abzulegen. »Du weißt, ich schaff es nicht allein mit dem Leben. Löse du, was ich nicht lösen kann. Sprich du mit den Menschen, bei denen ich an meine Grenzen komme. Zeig mir, wo Erleichterung möglich ist. Du weißt, wo ich feststecke, wo ich mit mir selbst und der Welt nicht im Reinen bin. Bitte, hilf mir tragen, ertragen und klären, und schick mir jemanden, der mir beim Sortieren hilft.«

Beten erleichtert, es ist gut für Schultern, Nerven und Herz.

18. Friedensgespräche

Er kommt aus Ghana, der Diplomat Kofi Annan. Von 1997 bis 2006 war er (der erste farbige) Generalsekretär der Vereinten Nationen. 2001 erhielt er gemeinsam mit den Vereinten Nationen den Friedensnobelpreis. Ausgezeichnet wurde sein Einsatz für eine friedlichere Welt. Kofi Annan ist Gründungsmitglied der »Global Elders«, einer Gruppe herausragender Persönlichkeiten, die es sich zum Ziel setzen, ihren Einfluss und ihre Erfahrung zur Lösung globaler Konflikte einzusetzen.

Friedensgespräche haben schon vieles geklärt. Es wurde vermittelt, es wurde nach Kompromissen und Wegen gesucht, nach Regeln für ein friedliches Miteinander. Friedensgespräche sind wichtig, das Ringen um eine »Koalition der Vernunft«. Mit diplomatischem Geschick geht es darum, darauf hinzuwirken, dass keiner zu kurz kommt, denn das gefährdet den Frieden.

Die Liste der Friedensnobelpreisträger enthält schillernde Persönlichkeiten: Martin Luther King, Willy Brandt, Henry Kissinger, Nelson Mandela, Desmond Tutu, Elie Wiesel, Mutter Teresa.

Lasset die Geister aufeinanderprallen,
aber die Fäuste haltet stille.

Es gibt auch Friedensgespräche und -verhandlungen im Kleinen. Klärungen müssen her, verbindliche Absprachen. Der eine kann sich keine Freiheit nehmen, wenn dies auf Kosten anderer geht. Einer darf nicht ständig die Grenzen eines anderen überschreiten oder meinen, er habe ein Anrecht auf einen Menschen. Mütter auf ihre Töchter, Männer auf ihre Frauen, Frauen auf ihre Männer, Chefs auf ihre Sekretärinnen.

In Häusern mit mehreren Generationen unter einem Dach gibt es viel zu klären, zum Beispiel wenn alt gewordene Eltern betreut oder gepflegt werden müssen. Wo viel runtergeschluckt wird – um des »lieben Friedens willen« –, da braut sich schnell etwas zusammen, was leicht eskalieren kann.

Wenn der Papa mit der Tochter atmosphärische Störungen hat – oder mit dem Schwiegersohn –, dann ist das diplomatische Verhandlungsgeschick der Mama gefragt, die im Hintergrund Fäden zieht und die weiße Fahne schwenkt.

Wenn Beziehungen feststecken, wenn Menschen sich nichts mehr zu sagen haben, wenn das Vertrauen zerbrochen ist, wenn man sich nur noch ankeift, dann kann ein Dritter ausgleichen, vermitteln und Entwicklungen aufdröseln. »Wie kann aus deiner Geschichte und seiner Geschichte eine gemeinsame Geschichte werden?«

Wir brauchen Friedensstifter an der Basis. Menschen, die Bedingungen für einen Frieden suchen, mit dem alle gut leben können, die eine »Win-win-Situation« schaffen, wie das heute auf Neudeutsch heißt.

O Herr, mach mich zu einem Werkzeug deines Friedens,
dass ich Liebe übe, wo man sich hasst,
dass ich verzeihe, wo man sich beleidigt,
dass ich verbinde, da, wo Streit ist,
dass ich die Wahrheit sage, wo der Irrtum herrscht,
dass ich den Glauben bringe, wo der Zweifel drückt,
dass ich die Hoffnung wecke, wo Verzweiflung quält,
dass ich ein Licht anzünde, wo die Finsternis regiert,
dass ich Freude mache, wo der Kummer wohnt.

Mit diesem bekannten Gebet im Gepäck sind wir auf einem guten Weg, ein Friedensstifter zu werden.

Es gibt viel zu tun in unserer Welt. Es warten noch viele Pfeifen darauf, dass sie um des Friedens willen geraucht werden.

19. Wenn der Glaube ins Herz rutscht

Die alten Chinesen haben gesagt: »Kein Weg ist länger als der Weg vom Kopf zum Herzen.« Das Maßband zeigt bei mir 40 Zentimeter an! Gemessen am Erdumfang mit 40 000 Kilometern ist das kaum der Rede wert.

»Kein Weg ist länger als der Weg vom Kopf zum Herzen.« Wie ist das gemeint? – Wir hatten noch nie so viel Wissen zur Verfügung wie heute. Dank dem Internet finden wir mit wenigen Stichworten innerhalb weniger Sekunden ein Gedicht, das wir in der Schule gelernt hatten. Wir finden Biografien, Liedtexte, Wissenswertes aus allen Bereichen und aller Welt. Es ist phänomenal.

Die logische Gleichung wäre: Mehr Wissen bedeutet einen Zuwachs an Persönlichkeitsbildung und Lebenskompetenz. Mehr Wissen prägt Menschen, dass sie friedfertig, innerlich stabil, tolerant, klug und barmherzig sind. Manchmal habe ich den Eindruck, als würde diese Logik in den meisten Fällen auf dem Weg zwischen Kopf und Herz stecken bleiben.

In großen Buchhandlungen werden wir von Angeboten fasziniert und überfordert zugleich. Ich stelle mir vor, dass die Leserinnen und Leser vom Mut und von der Durchhaltekraft der Romanfiguren, von Lebensgeschichten bekannter Persönlichkeiten, von den leisen Tönen, mit denen Freundschaft und Liebe beschrieben werden, von einer Poesie, die über die Erde hinausreicht, berührt sind. Das wäre schön.

Ich stelle mir vor, wir sitzen zusammen in einer Frühstücksrunde. Auf einmal trägt jemand das Gedicht »Stufen« vor, ein Meisterwerk von Hermann Hesse. Ich kenne es gut, aber als sie es vorgetragen hat, ist es mir ins Herz gerutscht.

Es steht in den Büchern genug geschrieben.
Ja, es ist aber noch nicht alles in die Herzen getrieben.

Martin Luther hat die Bibel studiert wie kein anderer in seiner Zeit. Er hat intensiv gesucht, gefragt und geforscht.

Und auf einmal ist ihm etwas aufgegangen: Ich muss mich nicht mit einem schlechten Gewissen und mit meiner Unvollkommenheit quälen. Ich bin Gott recht. Ich bin gut durch seine Güte.

Tausend Mal gehört und tausend Mal ist nichts passiert – doch dann ist es ihm ins Herz gerutscht. Luther ist etwas aufgegangen, das ihn zutiefst verwandelt hat. Jetzt konnte er sich annehmen, mit sich und mit Gott im Reinen sein.

Ob ein Mensch etwas vom Trost hört oder spürt, dass er getröstet und getragen ist, ist ein Unterschied. Ob ein Mensch etwas über Vertrauen hört oder auf den schönen und schweren Wegen seines Lebens wirklich vertrauen kann, ist ein Unterschied. Ob ein Mensch etwas von Liebe hört oder Liebe erlebt und weitergibt – das ist ein himmelweiter Unterschied.

»Alles hat seine Zeit«, das kann man hören und bejahen. Wie wir mit den Veränderungen im Leben umgehen, mit Kindern, die das Haus verlassen, mit einem schlaffen Körper, einem kaputten Knie, welker Haut und eingeschränkten Möglichkeiten, ist noch einmal eine andere Herausforderung. Ich stelle fest, dass bei mir vieles noch nicht ins Herz gerutscht ist. Wir sind alle so kopflastig! Es sind doch nur 40 Zentimeter, aber sie entscheiden darüber, wie wir durch die Welt gehen.

20. Frischen Wind reinlassen

Erfrischend! Das Wort klingt gut, zaubert mir Bilder vor das innere Auge. Ein Eiskaffee fällt mir ein, die Klimaanlage im Auto, das Tauchbecken nach dem Saunagang, die Quelle im Gebirge, der befreiende Satz: »Die Männer dürfen ihre Sakkos jetzt auszuziehen.«

Erfrischend! Das Wort klingt gut, weckt Sehnsucht nach Veränderung: alte Beziehungen neu beleben. Endlich reden, damit sich etwas lösen kann. Farbe ins Leben bringen. Nach südamerikanischen Rhythmen tanzen. Abschied vom Perfekt-sein-Wollen und Vergleichen – das war gestern, heute sind wir klüger.

Es tut gut, wenn wir uns gelegentlich allein oder mit anderen fragen: Ist das, wie du über das Leben, über das Glück, die Beziehungen zu anderen Menschen, über Gott und die Welt denkst, die einzige Möglichkeit oder kann man das alles auch noch ganz anders sehen? Ist das, wie du lebst, wie du dich eingerichtet hast, wie du deine Zeit und deine Kraft investierst, die einzige Möglichkeit zu leben oder gibt es noch andere Formen? Formen, die vielleicht erfrischend anders sind?

Das Evangelium ist wie ein frisches, sanftes, kühles Lüftlein
in der großen Hitze des Sommers.

Das Evangelium von Jesus Christus ist ein Kontrastprogramm zu dem, was in dieser Welt normalerweise gelebt wird und gilt. Es bringt frischen Wind, es bringt etwas in Bewegung, es verändert Menschen.

Da ist eine Frau in der Mitte des Lebens. Bei ihr ist vieles schiefgelaufen. Sie fühlt sich in ihrer Haut nicht wohl und geht den Menschen in ihrem Dorf aus dem Weg. Wie das so ist, man kann leicht ins Gerede kommen. Die »ehrenwerten« Frauen in ihrem »ehrenwerten« Dorf tuscheln über sie. Sie wird schon lange nicht mehr eingeladen, alle machen einen großen Bogen um sie. Das tut weh. »Fünf Männer hat sie gehabt«, heißt es. »Ich weiß Bescheid, was das für eine ist. Mit der will ich nichts zu tun haben.«

Die Frau ist menschenscheu geworden. Sie geht nicht mit den anderen zum Brunnen – morgens, wenn es noch kühl ist. Sie geht in der Mittagshitze, allein, wenn sie sicher sein kann, niemandem zu begegnen.

Eines Tages trifft sie Jesus am Brunnen. Er schaut ihr in die Augen, wie sie schon lange keiner mehr angesehen hat. Sie hat einiges im Gepäck ihres Lebens, was drückt. In vieles ist sie hineingeschlittert. Wir schreiben unsere Lebensgeschichte nicht allein. Viele Menschen schreiben mit und viele äußere Umstände dazu. Wir haben es nicht immer in der Hand, wie unser Leben verläuft, wie sich etwas entwickelt.

Das »Brunnengespräch« tut der Frau gut. Endlich mal einer, der zuhört, ohne zu werten und zu verklagen. Sie kann erzählen, was passiert ist, von ihrem Kummer, von ihrer Einsamkeit. Die Frau will Wasser für einen Tag holen, wie immer – und sie begegnet dem, bei dem frau Kraft schöpfen kann für jeden Tag. Er heilt, was in ihr verwundet ist. Am nächsten Tag muss sie wieder Wasser holen, aber sie ist nicht mehr scheu wie ein Reh. Sie geht mit den anderen, kann wieder lachen und frei sein.

Der Alltag bleibt, aber die Frau geht anders hinein. Sie hat den frischen Wind erlebt, der Menschen verwandeln kann. Sie hat den »Lebensflüsterer«, den Heiland kennengelernt.

Es gibt im Evangelium viel zu entdecken, zum Beispiel das Geheimnis der »Brunnengespräche« und der »Erfrischungen«.

21. Nachdenker und Vordenker

»Wie hast du unser Treffen erlebt? Was war gut und was sollten wir beim nächsten Mal anders machen? Welchem Menschen müssen wir noch einmal nachgehen? Warum haben wir so und nicht anders reagiert?«

Es gehört zum Wertvollsten in meinem Leben, dass es eine Handvoll Menschen an meiner Seite gibt, die nach einer gemeinsamen Veranstaltung anrufen und fragen: »Wie war's«? – Solche »Feedbacks« tun gut. Sie bringen uns weiter, sind der Humus für Erkenntnisse. Konstruktive Kritik, in Liebe verpackt, lässt uns reifen.

Wir lernen aus Erfahrungen, aus Begegnungen mit Menschen und aus Enttäuschungen. Ich habe aus der Vergangenheit gelernt, dass es mich belastet, wenn ich Wäsche-, Schreibtisch- und sonstige Berge entstehen lasse. »Tu's gleich!« ist die Schlussfolgerung, die ich daraus gezogen habe. Viele Menschen haben aus einer Krankheit gelernt, intensiver zu leben, einiges nicht mehr so wichtig zu nehmen, anderes dafür umso mehr. Lebenserfahrung sammeln heißt, Lehrgeld zu bezahlen; zu wissen, was trägt und was nur schmückendes Beiwerk ist.

Ernst Ferstl, ein österreichischer Lehrer und Schriftsteller, hat gesagt: »Das Nachdenken bringt uns weiter, sobald wir mehr als die Hälfte davon zum Vordenken verwenden.« Hat er recht? Ist dem tatsächlich so?

Vordenken ist mindestens ebenso wichtig wie Nachdenken? Uns auf das einzustellen, was kommt, ist nüchtern. Auf das Altwerden zum Beispiel. Es sind wenige, die im Kreis der Familie mit Kindern und Enkeln beheimatet aufgehoben sind. Die meisten müssen klären: Wo und wie möchte ich wohnen? Wie viel Geld werde ich zur Verfügung haben? Mit welchen Menschen möchte ich zusammen sein? Was ist mir – bei allen Abstrichen, die gemacht werden müssen – wichtig, worauf möchte ich nicht verzichten?

Alle Menschen sind von Natur aus
mehr Nach- als Vordenker,
weil alle klug sind,
nachdem etwas geschehen ist.
Wir alle müssen Lehrgeld geben
und aus Schaden klug werden.

In den Dörfern wird es in Zukunft immer mehr ältere Menschen geben. Wir müssen uns darauf einstellen, dass es keine Einkaufsmöglichkeiten gibt, keine Treffpunkte zum kleinen Plausch, keinen Arzt und keine Schule. Wie kann es gelingen, dass unsere Dörfer Zukunft haben, ein attraktiver Lebensraum für Jung und Alt bleiben?

Die Zukunft lässt sich nicht vorhersehen, keiner weiß, was uns erwartet. Aber vor-denken und vor-sorgen, lohnende Ziele ansteuern – das können wir. Wenn ich im Alter Freunde haben möchte, dann ist es klug, beizeiten Freunde zu suchen und ein soziales Netz zu pflegen. Freunde fallen nicht vom Himmel. Wenn ich mir bewusst mache, dass ich mit 80 nicht mehr so kann wie mit 40, dann muss ich früh genug überlegen, wie ich Haus und Garten umgestalten kann, indem ich zum Beispiel die Wohnung rollstuhlgerecht umbaue. Vor allem möchte ich überlegen, wie ich das, was mir wertvoll ist, auch weiterhin betreiben kann!

Haben wir Bilder für die Zukunft? In den 50er-Jahren haben unsere Eltern von einem besseren Deutschland geträumt. Das hat ihnen Kraft gegeben. Welche Träume bewegen uns heute?

»Wir werden sein wie die Träumenden und unser Mund wird voll Lachens sein« heißt es in Psalm 126. Wer keine Träume hat, der wird ängstlich, der findet sich ab. Er hat nichts Großes, was ihn noch lockt.

Bilder für morgen haben, vordenken statt grübeln, wissen, dass uns die Zukunft gehört, weil Gott uns dort erwartet – das ist ein Zeichen von Lebendigkeit und Klugheit.

22. Die Wunder der Schöpfung entdecken

In der Badewanne ist schon mancher auf gute Gedanken gekommen. Legen Sie sich am besten einen Zettel und einen Stift parat – um Ideen und Erkenntnisse notieren zu können. Wer weiß, ob sie so schnell wiederkommen.

Archimedes lebte um 250 vor Christus auf Sizilien. Ihm ist in der Badewanne etwas ganz Großes aufgegangen: Das Wasser, das überfließt, entspricht dem Volumen des Körpers, der darin Platz nimmt. Archimedes war vor Begeisterung derart aus dem Häuschen, dass er halb nackt durch die Straßen lief. »Heureka«, hat er gerufen, »ich hab's!« In der Badewanne hatte er das Auftriebsprinzip entdeckt.

»Heureka. Ich hab's!« Vielen Menschen ist etwas aufgegangen. Ein Schweizer Ingenieur hat nach seinen Beobachtungen an der Großen Klette den Klettverschluss erfunden. Die Lotosblume diente als Vorbild, um Lacke und Farben, Fensterscheiben und Waschbecken zu entwickeln, die wasserabweisend und pflegeleicht sind. Beobachtungen beim Vogelflug waren Vorbild für die Entwicklung des ersten Flugapparates. »Bionik« heißt die Umsetzung natürlicher Abläufe in die Technik. Menschen haben der Natur erstaunliche Entdeckungen abgeschaut.

Je tiefer man die Schöpfung erkennt,
umso größere Wunder entdeckt man in ihr.

Millionen von Spermien sind bei einem Liebesakt im Umlauf. Letztlich wird aber nur ein Samenfaden zur Befruchtung benötigt. Dem Schöpfer muss sehr am Menschen gelegen sein. Was für eine Verschwendung.

»Heureka. Ich hab's!« Wir haben das GPS entwickelt, das »Global Positioning System«. Seitdem werden Menschen bei Gebirgswanderungen, Autofahrten oder Städtetouren sicher geleitet.

Wenn kluge Köpfe etwas aus dem Reichtum der Schöpfung entdeckt haben, dann spüren sie: Wir haben eine Tür geöffnet und gleichzeitig einen Flur mit 1 000 neuen Türen, die noch verschlossen sind, betreten.

Diese Schöpfung arbeitet mit großer Präzision, egal, ob es sich um ein Herz oder die Erdumdrehung handelt. Sie ist berechenbar, sie lässt Menschen etwas finden und erfinden.

Denken Sie an die Möglichkeiten der minimalinvasiven Medizin. Egal, ob Blinddarmentfernung, Leistenbruch oder Meniskus-OP, alles kann mit dem Schlüssellochverfahren geschehen. Unvorstellbar, zu welchen Leistungen Ärzte heute in der Lage sind.

Martin Luther lebte am Ausgang des Mittelalters, in einer Zeit, als das Sezieren von Leichen streng verboten war, als Menschen auf dem Scheiterhaufen verbrannt wurden, wenn sie etwas erkannt hatten, das dem Weltbild der Kirche nicht entsprach. Die Neuzeit mit ihren Entwicklungen war Luther fremd. Für ihn gab es keinen Blitzableiter, kein Penicillin, keinen Kaiserschnitt, keine Dampfmaschine und keine Röntgenstrahlen. Aber er konnte über die Schöpfung und den Schöpfer staunen. »Halleluja.«

Aus dem »Heureka« des Archimedes und seiner Nachfolger wird hoffentlich ein »Halleluja«, ein Dank an den Schöpfer.

Gott lässt uns durch ein Schlüsselloch auf seine Wunder schauen, auf das Geheimnis des Lebens. Wenn uns die Worte fehlen, mag sein, dass uns die Bilder von Chagall und van Gogh, die Musik von Bach, Mozart und Schubert oder das Erleben von Liebe weiterbringen.

23. Lachen befreit

Eine Nonne fährt mit dem Auto auf einer verlassenen Landstraße. Auf einmal macht es »tuck, tuck«. Der Benzintank ist leer. Was tun? Zu Fuß macht sie sich auf den Weg zur nächsten Tankstelle. Da sie keinen Kanister dabeihat, überlegt der Tankwart, worin sie das Benzin transportieren kann. Sie finden in der Werkstatt einen Nachttopf, in dem alte Schrauben lagerten, und füllen ihn mit dem Treibstoff. Die Nonne geht zurück zu ihrem Auto und beginnt, das Benzin aus dem Nachttopf in den Tank zu füllen. Da kommt ein LKW vorbei. Der Fahrer hält an, kurbelt das Fenster herunter und sagt: »Schwester, Ihren Glauben möchte ich haben …«

Herrlich! Was ist das schön, wenn man in der Kirche auch mal lachen kann. Jeder freut sich, wenn er zwischen den erhabenen Worten hört, wie menschlich es unter uns zugeht.

Das Evangelium kann nicht
ohne Humor gepredigt werden.

Es geht sehr menschlich in der Welt zu. Der gestylte und angenehm parfümierte Manager in seinem Nadelstreifenanzug wechselt zu Hause seinem zweijährigen Sohn die volle Windel. Auch Supermodels kämpfen an gewissen Tagen mit ihren Hormonen oder den berühmten »Mutter-Tochter-Konflikten«. Pastoren, die überzeugend von Versöhnlichkeit sprechen, haben womöglich nach einem handfesten Krach mit ihrer Ehefrau das Haus verlassen.

Bei Seminaren sagen mir viele Frauen: Bitte lassen Sie uns mal lachen. Von der Tragik des Lebens wissen wir genug, die haben wir zu Hause mehr, als uns lieb ist.

Wir möchten über das Leben, über andere, über uns selbst lachen können. Wir möchten hören, dass es anderen auch so geht wie uns, dass sie eine Diät nicht durchhalten, dass der Mann schnarcht, dass sie schlaffe Oberarmmuskeln haben, dass sie mit ihren Kindern nicht klarkommen. Erlöstes Lachen wirkt wie Balsam für die Seele. Als der kleine Junge halb nackt in eine festliche Hochzeitsgesellschaft platzte und rief: »Mama, Mama, ich habe in die Hose gemacht!«, da haben wir gespürt, wie eng das Große und das Kleine des Lebens zusammengehören!

Ein Pastor und ein Omnibusfahrer werden im Himmel nach ihrer Lebensleistung beurteilt. Der Pastor ist darüber erschrocken, dass ihm der Zutritt zum Himmel verwehrt wird, während der Busfahrer ohne Probleme offene Türen vorfindet. – Er beschwert sich bei den Verantwortlichen und bekommt zur Antwort: »Wenn der Busfahrer gefahren ist, haben alle gebetet. Aber wenn du gepredigt hast, haben alle geschlafen.«

Humor hat mit Widersprüchlichkeiten des Menschen und des Lebens zu tun. Wir leben mit dem ewigen Gott und gleichzeitig auf der Erde: unvollkommen, in Peinlichkeiten verstrickt, gewöhnlich, mit allem, was dazugehört. Da gibt es eine Reibung, aus der die besten Witze entstehen. Durch das Lachen löst sich die Spannung auf.

Luther hatte einen Sinn für Humor. Er wusste um die Brüchigkeit des Lebens. Er wusste wohl auch, dass es mehr bringt, dem Menschen mit Lachen die Wahrheit zu sagen, als ihn mit lauter Richtigkeiten und Aufrufen plattzupredigen.

Humor ist nicht die schlechteste Art, um mit den Unzulänglichkeiten des Lebens fertigzuwerden. Wer bei Gott geborgen ist, kann es sich gestatten, das Schiefe, Krause und Unvermeidliche in der Welt mit Humor und Gelassenheit zu betrachten.

24. Das Ungestüme der Jugend

In seinen jungen Jahren gehörte er zur Außerparlamentarischen Opposition (APO), war linksradikal militant, beteiligte sich an Straßenschlachten und verprügelte einen Polizisten. Später wandelte er sich zum Demokraten. Als er in Hessen in die rot-grüne Landesregierung gewählt wurde, als Staatsminister für Umwelt und Energie, kam er mit Turnschuhen: Joschka Fischer. Unter Gerhard Schröder wurde er Außenminister.

Es gehört wohl zur Freiheit, zum Ungestümen der Jugend, dass man sich ausprobieren möchte. Was in der Pubertät aufbricht, das kann und das soll wohl auch nicht klein gehalten werden.

Die Kinder loszulassen ist für Eltern nicht leicht. Wir möchten sie vor schlechten Erfahrungen bewahren. Wir wissen doch, wo man landen kann. »Wer nicht hören will, muss fühlen.« Meinem Mann fällt das Loslassen leichter. Er sagt: »Gib ihnen noch einen Schubs hinterher. Du wirst sehen, dann kommen sie am liebsten wieder heim, dann gelingt unsere Beziehung am besten.« Liebe und Freiheit gehören zusammen, obwohl das manchmal schwer zu ertragen ist, Müttern und Vätern manche grauen Haare wachsen lässt und schlaflose Nächte bereitet.

Beim Durchschauen von alten Fotos habe ich manches Mal gedacht: »Du liebe Zeit, wie konnte ich nur. Peinlich.« – Was soll's. Es ist ein Teil meines Lebens.

Ein junger Mensch ist wie ein junger Most.
Der lässt sich nicht halten.
Er muss gären.

Ich denke an den jungen Wein, den wir im Herbst als »Federweißen« trinken. Die alkoholische Gärung hat gerade erst begonnen, er ist noch im Werden. Es wäre tragisch, wenn man ihn in diesem Zustand verkorken würde. Er braucht einen Gärverschluss, damit er nicht »explodiert«. So ist das auch mit den jungen Menschen. Sie haben das Vorrecht, in ihren Träumen und Idealen überschäumend zu sein und manches zu tun, wofür sie sich im Nachhinein womöglich schämen, weil sie über das Ziel hinausgeschossen sind. – Ob wir Älteren uns aufregen oder nicht: In der Selbstfindungsphase hören sie Lieder, für die wir uns schämen. Sie kleiden und dekorieren sich, dass wir nicht hinschauen möchten. Hoffentlich landet das nicht alles im »World Wide Web«, verewigt für die Nachwelt und auch für spätere Bewerbungsgespräche.

Amüsant ist, wenn unsere »alten Herren« aus ihrer Jugend erzählen. Ihre Geschichten werden mit jeder »Veröffentlichung« spannender. In der schlechten Zeit, während des Krieges und kurz danach, haben sie Kartoffeln geklaut. Mit zehn Personen sind sie in einem Auto gefahren, nach Festen oft auf sogenannten »Wacholderschleichwegen«. Wenn sie ein Ausgehverbot hatten, sind sie aus dem Fenster geklettert und heimlich abgehauen. Was sie alles ausgefressen haben, würden wir heute teilweise als »kriminell« bezeichnen. Aber für die heute honorigen Männer, die allesamt ihr Leben gemeistert haben, sind das wunderbare Jugenderinnerungen.

Berühmte, mittlerweile hoch seriöse Schauspielerinnen haben in ihrer Jugend Filme gedreht, bei denen wir heute denken: »Hoppla, was war das denn?«

Martin Luther hat als guter Seelsorger fein erkannt, was in einem jungen Menschen aufbricht und überschäumt. Er hat selbst erlebt, wie es ist, wenn dem ein strenger Vater gegenübersteht, der alle Aufbrüche unterbinden möchte.

25. Schwächen machen sympathisch

Ich habe einen leichten Hang zum Perfektionismus, möchte alles im Griff haben, allen Erwartungen gerecht werden, am liebsten 120 Prozent geben. Aber wer ist schon perfekt? Aus der Grammatik wissen wir: Perfekt ist die Vergangenheitsform, also hier und jetzt nicht zu erreichen.

Wer alles richtig machen möchte, steht unter Druck und hat etwas Angestrengtes an sich. Er kann sich keine Fehler und Schwächen erlauben, denn dann fiele ihm ein Zacken aus der selbst gebastelten Krone. Ein guter Ruf eilt den »Perfekten« voraus. Den gilt es zu bewahren. Also: jeden Tag stark und brillant sein, das Beste geben. Wer ein Zugpferd sein soll, der kommt vor dem Wagen, den er ziehen soll, ordentlich ins Schwitzen.

Mal ehrlich: Menschen, die besonders gut sein wollen, können einen furchtbar nerven. Sie sind nicht sonderlich sympathisch, wirken unnahbar. Und manche Leute sind so fromm und anständig, dass wir es in ihrer Nähe nicht aushalten.

Ich bin gerne mit Menschen zusammen, die nicht »perfekt« sind, denen auch mal etwas danebengeht, die jene Kluft zwischen dem, was sie wollen, und dem, was sie verwirklichen können, kennen. »Willkommen im Club!« Sie auch? Ja, ich auch.

Stellen Sie sich vor: In mir melden sich Gefühle zu Wort, von denen ich felsenfest behauptet hätte: Dagegen bin ich immun. Eifersüchtig sein? Ich doch nicht. Eine beleidigte Leberwurst sein? Ich doch nicht.

Die Schwächen der Heiligen
trösten uns mehr als ihre Tugenden.

Wir können die Bibel von vorn bis hinten durchblättern. Es gibt darin keine perfekten Menschen. Alle haben ihre Achillesfersen, ihre »Leichen im Keller«.

Wir können die Kirchengeschichte von den Anfängen bis heute durchgehen. Es gibt keine perfekten Menschen. Gott scheint eine Vorliebe für das Unvollkommene zu haben.

Martin Luther hat viel geleistet, hat sich ungeheuer viel abverlangt. »Wie bekomme ich einen gnädigen Gott?« – »Wie kann ich es Gott recht machen, mir seine Liebe verdienen?« Das waren die Fragen, mit denen er sich gequält hat. Ständig ist er, fast wie unter einem Zwang, zur Beichte gegangen, weil immer etwas an der Vollkommenheit fehlte. Doch dann kam der große Durchbruch für ihn – und durch ihn hoffentlich für uns: Es gibt keinen Weg, durch Leistung den Himmel zu stürmen. Das Eigentliche leistet Gott. Er liebt die Menschen, egal, was sie an »Vorleistungen« mitbringen. – Lassen wir das sacken, trinken wir erst einmal einen Kaffee.

Eine Reisegruppe wird durch eine Kirche geführt. Während der Reiseleiter auf zahlreiche Sehenswürdigkeiten aufmerksam macht, betrachtet ein kleines Mädchen ganz versunken die bunt verglasten Kirchenfenster. Sie entdeckt verschiedene Gestalten, die dort dargestellt sind. Als die Gruppe weitergehen will, nimmt die Kleine all ihren Mut zusammen und fragt den Reiseleiter: »Wer sind die Leute in den schönen Fenstern?« – »Das sind Heilige«, ist die Antwort. Als das Mädchen an jenem Abend zu Bett geht, berichtet es der Mutter stolz: »Jetzt weiß ich, was Heilige sind. Das sind Leute, die das Licht durchscheinen lassen.«

Das Licht Gottes, den Himmel durchscheinen lassen. Zulassen, dass wir Schwächen haben, und uns trotzdem geliebt wissen. Das ist ein Kontrastprogramm zu dem, was in unserer Gesellschaft gilt.

26. Übung macht den Künstler

Ein Musiker hat gesagt: »Wenn ich einen Tag lang nicht übe, merke ich es sofort. Wenn ich zwei Tage lang nicht übe, merken es meine Freunde. Wenn ich drei Tage lang nicht übe, merkt es mein Publikum.«

Das Üben ist unerlässlich, ob es sich um Vokabeln, Reden halten, Seilspringen, Rüschen bügeln, Exceltabellen, Cha-Cha-Cha, das Binden von Buchsbaumkränzen oder das Dekorieren von aufwendigen Torten handelt. Was wir pflegen und üben, das wird sich immer weiterentwickeln.

David Garrett übt drei bis vier Stunden am Tag mit seiner Geige und sagte in einer Talkshow: »Wenn ich vierundzwanzig Stunden lang nicht spiele, werde ich kribbelig.« Übung ist wichtig, wenn uns etwas in Fleisch und Blut übergehen soll.

 Wenn ich auch nur einen einzigen Tag
das Gebet vernachlässige,
verliere ich viel vom Feuer des Glaubens.

Martin Luther hat das Gebet als etwas existenziell Wichtiges gepflegt. Es verglich es mit dem Ein- und Ausatmen. »Ich habe heute viel zu tun, darum muss ich heute viel beten«, hat er gesagt. Er war mit Gott wie mit einem Freund im Gespräch.

Das klingt für Menschen wie uns einladend und fremd zugleich. Wir haben viel zu tun, stehen unter Druck, müssen sehen, wie wir unser Pensum bewältigen. – »Wenn alles geschafft ist, dann kann ich beten«, sagen wir. Achten wir auf die Reihenfolge bei Luther. Gerade dann, wenn wir meinen, jetzt würde es gar nicht passen, brauchen wir das Gebet am nötigsten. Die Ruhe, das Einssein mit Gott ist die Voraussetzung für ein erfülltes, fruchtbringendes Leben. Luther war mit Gott verbunden, als hinge er an einem Tropf – wenn ich das einmal so ausdrücken darf.

Er betet: »Ich bin kalt in der Liebe. Siehe, Herr, ich bin ein leeres Gefäß, das bedarf sehr, dass man es fülle. Mein Herr, fülle es, ich bin schwach im Glauben; stärke mich, ich bin kalt in der Liebe. Wärme mich und mache mich heiß, dass meine Liebe herausfließe auf meinen Nächsten. Darum bleibe ich bei dir, dir muss ich nicht geben; von dir kann ich nehmen.«

»Dir muss ich nicht geben; von dir kann ich nehmen.« Ist es nicht genau das, was wir suchen? Einen Ort, an dem wir uns immer wieder Kraft, Mut, Trost und Weisheit holen können?

In einem solchen Gebet werde ich ruhig. Meine Urteile verlieren an Bedeutung. Ich sehe die Menschen mit ihrer Sehnsucht und Angst. Alles wird in Gottes Nähe zugelassen. Ich sage einfach: »Du weißt.«

Das Gebet hat eine große Macht,
das ein Mensch verrichtet mit seiner ganzen Kraft.
Es macht ein bitteres Herz süß, ein trauriges Herz froh,
ein armes Herz reich, ein törichtes Herz weise,
ein zaghaftes Herz kühn, ein schwaches Herz stark,
ein blindes Herz sehend, die kalte Seele brennend.
Es zieht den großen Gott in ein kleines Herz,
es treibt die hungrige Seele hinauf zu dem Gott der Fülle.

Mechthild von Magdeburg

Schöner können wir es wohl nicht sagen. Für Martin Luther war das Gebet die Quelle seines Lebens, seines Schaffens, seiner Stärke, ein Dialog der Liebe.

Im Gebet sind und werden wir die, als die wir gedacht sind.

27. Wes das Herz voll, des gehet der Mund über

Der NDR suchte zwei Gastmoderatorinnen für die FashionWeek 2012 in Berlin. Landfrauen sollten es sein, die den Modezirkus ein wenig auf den Boden der Realität zurückholen, die einen augenzwinkernden Blick auf Mode, Models und das Drumherum werfen sollten. Zwei kesse Damen aus dem Kreis Schaumburg fuhren nach Berlin und tauchten für zwei Tage in die Glitzerwelt der Haute Couture ein. Sie wurden von Star-Visagisten Boris Entrup geschminkt und von Coiffeur Udo Walz frisiert.

Schlagfertig waren die Landfrauen, locker, geerdet und sympathisch. »Na, da habt ihr uns aber zwei geschickt«, lobte der Visagist. Champagner durften sie trinken, über rote Teppiche gehen, auf Augenhöhe mit den Stars und Sternchen rund um die Mode. Sie hätten mal erleben müssen, wie die beiden vor Begeisterung übersprudelten.

»Wes das Herz voll, des gehet der Mund über.«

Wer etwas von dem erzählt, was ihn beflügelt, der blüht auf. Die Stimme bekommt einen anderen Klang, eine andere Farbe, eine andere Geschwindigkeit.

Wann immer wir Menschen nach ihren Hobbys, nach ihren Reisen oder Lebenshöhepunkten fragen, nach dem, was ihr Herz erfreut, was ihr Leben reich macht, dann öffnen sie sich, dann haben wir ihren inneren Schatz berührt, dann sprudeln die Worte aus ihnen nur so heraus.

 Woran du dein Herz hängst,
das ist dein Gott.

An Gott zu glauben ist für Martin Luther nicht nur eine Kopfsache, ein Fürwahrhalten, das Auswendiglernen von Katechismussätzen.

An Gott glauben heißt: Ich lasse den Schöpfer und Vollender allen Lebens meine Mitte sein, ihm gehört mein Herz!

Das Herz ist nicht nur ein geniales Organ, das 100 000 Mal am Tag schlägt und dabei über 10 000 Liter Blut durch die Gefäße eines Menschen pumpt. Das Herz steht für das Innerste, den Lebensmittelpunkt des Menschen. Da möchte Gott seinen Platz haben. Gott, das Herz der Welt, möchte in den Herzen seiner Menschen wohnen. Dort, wo sich entscheidet, wie einer denkt und fühlt, ob er geborgen oder ängstlich ist!

In einem Lied von Julio Iglesias heißt es: »Du bist mein erster Gedanke, wenn ich am Morgen erwach, du bist mein letzter Gedanke, am späten Abend, bei Nacht!« So singt einer, der verliebt ist, herrlich verliebt. Und hoffentlich wird uns dieses Glück geschenkt.

Martin Luther würde wohl sagen: Die Liebe zu einem Menschen ist schön, wunderschön. Aber es gibt etwas, das größer ist.

Die Dinge dieser Welt sind schön, wunderschön. Sie bereichern dich, sie schenken dir viel Freude. Aber häng dein Herz an etwas Größeres, an etwas, das ewig ist, das dir niemand nehmen kann. In einer Welt, die sehr begrenzt ist, ist Gott der, der Grenzen sprengt, der dich ins Weite führt. Er ist der Fels in der Brandung, egal, wie stürmisch es in dir und um dich herum ist.

Was ist Ihr innerer Reichtum? Wovon sind Sie begeistert? Bei welchen Themen geraten Sie ins Schwärmen? Um welchen Mittelpunkt ziehen Sie Ihre kleinen und großen Kreise?

Wenn Gott in unserem Herzen wohnt, dann werden wir erleben, dass dieses Herz ein Stimmungsbarometer vom Feinsten ist. Es sagt uns, ob etwas stimmig ist oder ob sich etwas reibt. Es sagt uns, ob etwas rundläuft oder unserem Leben nicht guttut.

28. Klagen erlaubt

»Man beklagt sich nicht, man wird damit fertig.« So hat es Margaret Thatcher, die ehemalige britische Premierministerin, gesagt. Das ist ein Satz, der mir immer wieder unter die Haut geht. Das haben Generationen von Menschen so gelernt. Bewahre Contenance, belaste andere nicht mit deinen Problemen. Sieh zu, wie du klarkommst.

Zugegeben, es gibt Jammerer in unserem Land, denen wir den Satz der »Eisernen Lady« einrahmen und gut sichtbar aufhängen sollten. Keiner hat es so schwer wie sie. Keiner hat so viel zu tun, so viel zu tragen und zu ertragen. »Undank ist der Welten Lohn«, so beklagen sich etliche.

Die Kinder sind anstrengend. Das Geld wird in diesem Jahr nicht für eine Kreuzfahrt reichen. Im Wartezimmer musste ich sage und schreibe eine Stunde lang warten. Die Krankenkasse will die Kosten für meinen Fitnesskurs nicht übernehmen. Die Rosen haben Läuse, mein Mann ist nie da, wenn ich ihn brauche … und: Die Lehrer haben unserem Sohn keine Empfehlung fürs Gymnasium gegeben.

Gut – ich übertreibe. Aber dieses Jammern, dieses Selbstmitleid, diese Wehleidigkeit lassen wir jetzt mal außen vor. Wir wenden uns anderen Klagen zu.

Eine Frau hat 20 Jahre lang ihr behindertes Kind gepflegt. 20 Jahre lang hat sie sich Tag für Tag gekümmert – bis auf kurze Auszeiten zum Kraftschöpfen. Jetzt kann sie nicht mehr. Sie weiß nicht, wie es weitergehen soll. Sie funktioniert noch – aber sie ist müde, unendlich müde.

Ein Mädchen ist von einem Familienmitglied missbraucht worden. Sie wird damit nicht fertig, sie mag nicht mehr essen, hat Probleme in der Schule. Die Gespräche beim Psychotherapeuten kosten Kraft, viel Kraft. Es ist schwer und verfahren. Die Familie ist mit der Situation überfordert.

Ab und zu brauchen wir einen Ort, an dem wir unseren Kummer rausschreien und rausweinen dürfen. All das, was uns nachts nicht schlafen lässt, was uns Angst macht, was unerträglich ist, was uns die Kraft zum Leben raubt.

In Jerusalem gibt es eine Klagemauer. Viele Menschen beten dort. Sie stecken Papierröllchen in die Fugen der Mauer: ihre Bitten und Anliegen; das, worunter sie leiden, was an ihnen zerrt.

Wer alles in sich hineinfrisst – alle Demütigungen, alle Lieblosigkeiten, allen Kummer –, der wird erfahren, dass das über kurz oder lang Spuren in ihm hinterlässt.

Wir können nicht ständig runterschlucken, dass uns jemand kleinmacht oder uns in Dinge, die ihn nichts angehen, hineinredet.

Aus tiefer Not schrei ich zu dir,
Herr Gott, erhör mein Rufen.
Dein gnädig' Ohren kehr zu mir
und meiner Bitt sie öffne.

Martin Luther hat Gott seine Not geklagt. Psychologen geben es uns mit auf den Weg: Lassen Sie heraus, was in Ihnen rumort, drückt und weint.

Die Psalmbeter haben es bereits vor 2 500 Jahren gewusst: Klagen hat etwas Heilsames. Was in Fukushima passiert ist und in Bergen-Belsen, wenn Frauen im Krieg vergewaltigt werden und wenn ein Kind stirbt, bevor sein Leben richtig begonnen hat, wenn man sich in manchen Familien nur noch angiftet – das alles muss doch mal raus.

Wer klagt, hat eine Adresse für seine Not. Wenn es gut geht, ist ihm hinterher leichter. Gott ist da, auch wenn ich ihn gerade nicht spüre. So, wie die Sonne immer da ist, auch wenn ich sie nicht sehe.

29. Abschied nehmen

Alles hat seine Zeit. Blühen und verwelken, geboren werden und sterben. Wir wissen es. Gerade wir Menschen auf dem Land. Wir sind in den großen Rhythmus der Natur eingebunden.

Wir wissen, dass die Raupe zum Schmetterling wird. Wo wir meinen, es sei alles zu Ende, dort bricht neues Leben auf. Viele Male haben wir den Frühling erlebt, genossen und gefeiert – und konnten nicht genug von seiner Kraft bekommen. Wo alles erfroren und vertrocknet war, bricht neues Leben auf – ein Bild für die Auferstehung.

Wenn ein Mensch stirbt, dann wissen wir ihn bei Gott aufgehoben, auf der anderen Seite des Lebens. Wir fühlen uns mit ihm verbunden. In unserem Herzen lebt er weiter. Er ist da, wo alles vollendet wird, was hier noch nicht vollendet sein kann.

»Wie lieblich sind deine Wohnungen« heißt es im deutschen Requiem von Johannes Brahms. Wie tröstlich: Es gibt mehr als hier und jetzt – und während wir dem Requiem lauschen, ahnen, hoffen und wünschen wir, dass Großes und Schönes auf uns wartet.

Gleichzeitig wissen wir: Wenn ein Mensch stirbt, mit dem wir in Liebe oder Freundschaft verbunden waren, dann sieht das alles ganz anders aus. Emotionen können mit einer solchen Wucht aufbrechen, dass sie zeitweise stärker sind als die Botschaft vom ewigen Leben. Dem Tod zu begegnen tut weh. Sage keiner: »Die Zeit heilt alle Wunden.« Jetzt sind wir untröstlich. Die Nähe und die Wärme eines lieben Menschen fehlen, wir sind allein.

Die Glocken klingen anders, klingen viel anders als sonst, wenn einer einen Toten weiß, den er lieb hatte.

Martin Luther hat diesen Satz gesagt, als sein Freund, der Kurfürst von Sachsen, sein großer Förderer und Fürsprecher, begraben wurde. Der Kurfürst hatte entscheidenden Anteil daran, dass sich die

Reformation schnell verbreiten konnte. Er hat den geächteten Luther auf der Wartburg versteckt, hat ihn, so gut er konnte, unterstützt. Luther hat erfahren: Es ist schlimm, einen guten Freund zu verlieren! Noch schlimmer ist es, ein Kind zu verlieren.

Zum Tod seiner Tochter Magdalena schreibt Martin Luther an Justus Jonas, einen Freund:

»Ich glaube, die Nachricht wird zu Dir gedrungen sein, dass meine liebste Tochter Magdalene wiedergeboren ist zu dem ewigen Reich Christi. Obwohl ich und meine Frau nur fröhlich Dank sagen sollten für einen so glücklichen Hingang und seliges Ende, so ist doch die Macht der natürlichen Liebe so groß, dass wir es ohne Schluchzen und Seufzen des Herzens, ja ohne große Abtötung nicht vermögen. Es haften nämlich tief im Herzen das Aussehen, die Worte und Gebärden der lebenden und der sterbenden Tochter, sodass selbst Christi Tod dies nicht ganz hinwegnehmen kann, wie es sein sollte ...«

Die Spannung bleibt. Dankbarkeit für das Geschenk des Lebens, für gemeinsame Zeit und schöne Erinnerungen. Einen lieben Menschen in der Liebe Gottes gut aufgehoben wissen und trotzdem abgrundtief traurig und erschüttert sein. Trauer braucht Zeit, viel Zeit. Lassen wir den Schmerz zu und die Tränen fließen. Gehen wir nicht zu schnell wieder in die »Normalität« zurück.

Der Prediger Luther weiß etwas vom Trost des Evangeliums. Im Vater Luther bricht etwas auf, das er nie für möglich gehalten hatte. Trost finden wir nicht im Kopf oder in klugen Worten. Unser Herz braucht Trost.

30. Sie lebten glücklich und zufrieden bis an ihr Ende

Schneewittchen liegt in einem gläsernen Sarg, schön wie eh und je. Da kommt ein hübscher Prinz auf einem weißen Pferd angeritten und küsst sie ins Leben zurück.

Frauen schmelzen dahin, selbst mit 58 Jahren. »Und sie lebten glücklich und zufrieden bis an ihr Ende«, so heißt es im Märchen. Im wirklichen Leben heißt es an dieser Stelle: »Sie heirateten.«

Der Schriftsteller Kurt Tucholsky sagt dazu in seiner derben Sprache: »Es wird nach einem Happy End im Film jewöhnlich abjeblendt. Man sieht bloß noch in ihre Lippen den Helden seinen Schnurrbart stippen – da hat sie nun den Schentelmen. Na, und denn –?«

Alles fängt ganz toll an, mit viel Romantik und kleinen Gesten der Liebe. Dann kommt die Traumhochzeit. Alle schwärmen und sind verzückt. Und dann? Wie geht es weiter? Wenn die Zeit des Verliebtseins vorbei und der Hormonspiegel auf ein normales Level gefallen ist, wenn die erste gemeinsame Steuererklärung ansteht, wenn herumliegende Socken und Barthaare im Abfluss stören, wenn der Partner nicht wegräumt, was er benutzt hat, was dann?

In extremen, uns nur vom Hörensagen bekannten Fällen soll es sogar Männer geben, die auf dem Sofa liegend Richtung Küche rufen: »Schatz, ich kann gar nicht mit ansehen, dass du immer so viel arbeitest. Mach doch bitte die Tür zu!«

Mein Mann und ich sind jetzt seit 36 Jahren verheiratet. Ich bin altmodisch, glaube immer noch an eine Liebe für gute und schlechte Zeiten. Eine Liebe, die nicht nur hält, wenn wir jung, dynamisch und erfolgreich sind, sondern eine, die mit den Begleiterscheinungen des Altwerdens, mit dem Auf und Ab des Lebens, mit gut drauf und ganz unten sein umgehen kann.

Zur Hochzeit haben wir ein Buch mit dem Titel »Wer glücklich werden will …« bekommen. Wie schön, dachte ich, da geht es um den hübschen Prinzen, der mich auf Händen trägt und durchs Leben küsst. Pustekuchen! Es ging darum: Wer glücklich werden will, der soll lieber nicht heiraten! Wenn ich davon ausgehe, dass der Partner meine Erwartungen erfüllt und meinen Erwartungen entspricht, dann habe ich mich getäuscht – und werde eine herbe Enttäuschung erleben. Wenn ich meine, ich könnte mir den Partner nach meinen Vorstellungen zurechtbiegen, dann liege ich falsch. Er darf so sein, wie er ist. Wenn ich meine, ich hätte mit der Eheschließung Besitzansprüche auf einen Menschen erworben, dann bin ich auf dem Holzweg.

Martin Luther und die Ehe. Wie war das? Nach den Klosterjahren nun mit einer Frau an der Seite war bestimmt nicht einfach für Luther. Sie waren beide unerfahren, wenn es um Zweisamkeit und Sexualität ging. Aus manchen Biografien entnehme ich: Die beiden verband keine romantische Liebe nach unserem heutigen Verständnis. Aber Luther wusste, dass Käthe für ihn ein Geschenk des Himmels war.

Die Frau soll dafür sorgen,
dass ihr Mann gerne nach Hause kommt,
und er soll dafür sorgen,
dass sie ihn nur ungern wieder gehen lässt.

Das ist ein starker Satz. Dem Partner Wertschätzung geben, interessant für ihn bleiben – darum geht es. Jeder will geliebt sein, sonst verkümmert er. Die Ehe als einen Ort entdecken, an dem gelacht, geklärt und gefeiert wird, der Kraftquelle ist, Inspiration und warmes Nest, um das Leben zu gestalten und zu bestehen. Darum geht es.

31. Klein oder groß – das ist hier die Frage

»Herr der Töpfe und Pfannen, ich habe keine Zeit, eine Heilige zu sein und dir zum Wohlgefallen in der Nacht zu wachen, auch kann ich nicht meditieren in der Morgendämmerung und im stürmischen Horizont. Mache mich zu einer Heiligen, indem ich Mahlzeiten zubereite und Teller wasche. Nimm an meine rauen Hände, weil sie für dich rau geworden sind. Kannst du meinen Spüllappen als einen Geigenbogen gelten lassen, der himmlische Harmonie hervorbringt auf einer Pfanne? … Herr, mache dein Aschenbrödel zu einer himmlischen Prinzessin; erwärme die ganze Küche mit deiner Liebe und erleuchte sie mit deinem Frieden …«

So betet Teresa von Avila, die spanische Mystikerin.

Es gibt viel zu tun: Betten beziehen, Pausenbrote schmieren, Toiletten putzen, Elternabende besuchen, zum Kieferorthopäden fahren, einen neuen Personalausweis beantragen, das Auto beim TÜV vorstellen, für Oma einkaufen, fliegende Ameisen bekämpfen, Marmelade kochen, Ölpreise vergleichen und »Begleitkräuter« jäten.

Lange Zeit hat die Hauswirtschaft wenig Beachtung und Wertschätzung erfahren. Heute entdecken wir, wie wichtig es ist, dass Menschen mit Geld, Energie und Reinigungsmitteln umgehen können, dazu auf gesunde Ernährung achten und kompetent das Leben mit allem, was dazugehört, bewältigen.

Martin Luther hatte seine Katharina. Sie war eine Meisterin im Haushaltsmanagement. Zeitlebens musste sie mit wenig Geld zurechtkommen und deshalb erfinderisch sein, um die vielen Menschen im Hause Luther versorgen zu können. Sie hatte einen großen Garten, hielt Federvieh, Kühe, Schafe und Schweine. Eine Pensionswirtin war sie, dazu noch Köchin, Braumeisterin und Bäckerin. Sie schlachtete selbst, kannte sich mit Heilkräutern aus und verwandelte das triste »Schwarze Kloster« in Wittenberg zu einem freundlichen Ort.

Wer Gott dienen will, soll unter den Leuten bleiben
und ihnen dienen, womit er kann.
Denn auch das ist Gottesdienst: tun, was Gott will,
auch wenn es durch die geringste Hausarbeit geschieht.

Es tut gut, lieber Martin Luther, dass du die Arbeit deiner Katharina würdigst. Du sagst, es sei Gottesdienst, wenn wir an unserem Platz tun, was Gott will, was dem Leben und den Menschen förderlich ist. Du weißt aus eigener Erfahrung, dass man große Gedanken haben und dabei verlottern kann. – Große Gedanken brauchen eine entsprechende Gestalt, sonst sind sie wertlos.

Was ist groß, was ist klein? Die Welt wohnlicher machen – das ist groß. Und das beginnt im eigenen Haus. Als ich mich beklagte, dass ich mit drei kleinen Kindern nichts »Großes« leisten konnte, sagte mir eine Seelsorgerin: »Es ist etwas Großes, den Kindern die Windeln zu wechseln, wenn das im Leben gerade dran ist.«

Dafür sorgen, dass Menschen an einem Tisch sitzen und den Hauseingang so gestalten, dass Besucher sich willkommen fühlen. Torten für das Sommerfest im Kindergarten backen, ein Netz von guten Beziehungen pflegen, den eigenen Lebensraum schön gestalten, damit er etwas von Gottes Schönheit widerspiegelt, das ist etwas Großes.

Liebe drückt sich nicht nur in Worten aus. Sie braucht eine Gestalt. An Geburtstage denken, jemanden anrufen, der es gerade schwer mit sich hat, jemandem mit selbst gekochter Marmelade sagen: »Ich hab dich gern!« Was ist groß, was ist klein?

32. Einen Engel auf den Weg schicken

»Ich habe für dich in der Kirche des Klosters Amelungsborn eine Kerze angezündet.« Eine Karte mit diesem Text liegt zur Erinnerung auf meinem Schreibtisch. Ich zünde oft für einen Menschen eine Kerze an: in Minden, Goslar, Wolfenbüttel, Hameln, Köln, Dortmund oder Hannover – wo ich gerade bin. »Von guten Mächten wunderbar geborgen« ist der Wunsch, den ich damit verbinde. Ich möchte die Menschen, die mir am Herzen liegen, bei Gott geborgen wissen. Kraft vom Himmel mögen sie spüren.

Als Mutter von erwachsenen Kindern und als Oma kann ich nicht immer präsent sein, eingreifen und behüten – die Engel können es! Bitte, Gott, beschütz die Kinder auf ihren Wegen, lass sie kluge Entscheidungen treffen, mach sie stark, lebenstüchtig und fröhlich! Schenke ihnen Einsichten und Freunde.

Ich denke an Menschen, die mir viel bedeuten. Ich kann ihnen nicht immer nah sein und ihnen das geben, was ich möchte. Aber mit dem Licht der Kerze schicke ich gute Gedanken und Wünsche zu ihnen. »Gott, du musst dich mehr um meine Freundin kümmern, sie hat es gerade schwer mit sich selbst!«

Ich denke an die Welt, an Nachrichten, die mich aufwühlen. Es ist herzlich wenig, was ich tun kann – aber dieses wenige ist ein kleiner Teil der großen Liebe Gottes, und darum ist es genug!

»Ich habe für dich eine Kerze angezündet. Ich habe mich bedankt, dass es dich gibt. Ich habe Gott gesagt, was du mir bedeutest und was ich für dich wünsche. Ja, ab und zu denke ich an dich und bin dir in einer besonderen Weise nahe.« – Diese Achtsamkeit füreinander zu kultivieren, das wünsche ich uns. Diese Achtsamkeit wird uns selbst und unsere Beziehungen verändern!

Fürbitten heißt:
jemandem einen Engel senden.

Martin Luther bittet in seinen Briefen oft: Betet für mich! Er hält das Gebet für das stärkste Band zwischen Menschen. Es ruft Gottes Möglichkeiten in die Welt, traut ihm etwas zu.

Gott möge einen Menschen begleiten, seine Operation, sein Regieren, seine Prüfung oder seinen Liebeskummer, seinen Kinderwunsch, seine verkorkste Ehe, seinen launischen Chef. Beten heißt: Ich bringe einen Menschen in die Nähe Gottes. Ich knüpfe am Netzwerk der Liebe mit.

»Jemandem einen Engel senden.« Es ist immer jemand da, der besonders bedacht sein muss. Das spüren wir. Gott möge einem Menschen gute Gedanken schicken, einen kompetenten Arzt, eine gute Adresse, einen Anruf zur rechten Zeit, eine neue Liebe, ein Buch, das Lösungen für sein Problem aufzeigt.

Schicken wir einen Engel in die Nachbarschaft, ins Bundeskanzleramt, in die psychiatrischen Abteilungen der Krankenhäuser, ins Kinderhospiz Löwenherz, in die Treffen der Anonymen Alkoholiker, in die Vorstände der großen Banken – und erinnern wir uns daran, dass es damals Gebete in der Nikolaikirche von Leipzig waren, die viel bewirkt haben.

Gott etwas ans Herz zu legen, jemandem einen Engel zu senden, das schafft ein neues Verhältnis zu den Menschen und zu unserer Welt.

Achtung! Vor lauter Schicken dürfen wir nicht vergessen, dass wir ab und zu auch selbst losgehen müssen. Auch in uns steckt etwas Engelhaftes! Wir können zwischen zweien, die sich nicht grün sind, vermitteln. Wir können ein Stimmungsaufheller, Lichtblick, Knotenlöser, ein warmer Kachelofen für die Seele sein.

33. Selbstvertrauen aus Gottvertrauen

Menschen sind mit unterschiedlichem Selbstwertgefühl ausgestattet. Der eine ist in seiner Kindheit viel gelobt, geliebt, gefördert und gefordert worden. Er hat oft gehört und erfahren: Du bist jemand und du kannst etwas. Mit großem Elan geht er an die Aufgaben heran, die vor ihm liegen.

Der andere hat wenig Anerkennung und Verständnis erfahren. Er ist klein gehalten worden, hat viel Kritik und Meckerei einstecken müssen. Kein Wunder, dass er sich wie ein graues Mäuschen fühlt, voller Komplexe steckt und bei allem ängstlich fragt: »Werde ich das schaffen? Bin ich gut genug?«

Wenn Gott sich Menschen sucht, um in dieser Welt etwas auszurichten, dann könnten wir meinen: Ist doch klar, er nimmt die »Siegertypen«, die mit dem positiven Selbstwertgefühl, mit den besten Referenzen, die Erfolg und Stärke garantieren. Falsch! Die Bibel lehrt uns: Er wählt Menschen mit einem Handicap.

Mose hatte einen Mann erschlagen und war nicht sonderlich begabt zum Reden. Jakob war ein Lügner, der seinem Bruder Esau mit einem Linseneintopf den Segen des Erstgeborenen abgeluchst hat. Jona war ein Angsthase und hat sich verdrückt, als Gott ihn mit einer unbequemen Nachricht in die Stadt Ninive schicken wollte. Sara hat den Kopf geschüttelt und gelacht, als sie hörte, dass sie im hohen Alter ein Kind bekommen sollte.

Werfen wir einen Blick in die Kindheit und Jugend des Martin Luther: Zwischen ihm und seinem Vater gab es wenig Nähe, Verständnis und Anerkennung. Im Gegenteil, der Vater war jähzornig. Was macht ein Kind, wenn es eingeschüchtert wird? Es läuft weg und hat Angst. Zeitlebens hat Luther Liebe, Wertschätzung und Gnade gesucht. Es ist spannend: Gerade diesen Mann, in dem die Frage brannte »Wie bekomme ich einen liebenden, gnädigen Vater – im Himmel und auf Erden?«, gerade ihn hat Gott auf den Weg geschickt, um die Kirche zu ihrem Schatz zurückzuführen.

Egal, wie es um unser Selbstwertgefühl bestellt ist, egal, welche Erfahrungen wir im Leben gemacht haben: Gott nimmt das, was wir sind, was wir von Haus aus mitbringen – und macht etwas daraus.

Niemand lasse den Glauben daran fahren,
dass Gott an ihm eine große Tat tun will.

Wie oft habe ich erlebt, dass aus dem Kleinen, das ich einbringen konnte, etwas Großes geworden ist.

Gott hat jedem Menschen etwas gegeben, womit er die Welt bereichern kann. Es ist ein Jammer, wenn wir unsere Gaben, die Bibel spricht von »Charismen«, nicht in Umlauf bringen, sondern ängstlich zurückhalten.

Luther sagt: »Es ist nicht Demut, wenn einer leugnet, die Gaben zu haben, die Gott ihm gegeben hat.« Warum winden wir uns vor Bescheidenheit? Wenn jemand geschickt ist und nichts daraus macht, dann bleibt er unter seinen Möglichkeiten, unter dem Niveau, mit dem Gott ihn ausgestattet hat. Wenn jemand zu einem Menschen gesandt wird und nicht losgeht, dann bleibt er unter seinem Niveau.

Wenige Menschen ahnen, was in ihnen an Reichtum aus der Schatzkammer Gottes steckt. Was wir von uns selbst, von unseren Gaben und unserer Lebendigkeit zurückhalten, das fehlt in der Welt, in der Kirche und bei uns zu Hause. Das Selbstbewusstsein des Martin Luther war sein Christusbewusstsein, das Leben aus der Liebe.

34. Zu viel des Guten

Eine Frau hatte ein Huhn. Das Huhn legte jeden Tag ein Ei, darauf konnte sie sich verlassen. Irgendwann kam sie auf die grandiose Idee: »Wenn ich dem Huhn die doppelte Menge Futter gebe, dann müsste es auch doppelt so viele Eier legen.« – Logisch! – Und was passierte? Das Huhn wurde träge und legte bald gar kein Ei mehr.

Satt sein, überfüttert sein, von allem zu viel haben: »Zuvielitis« nennt Eckart von Hirschhausen diese »Volkskrankheit«. Wir haben zu viele Bücher, die wir lesen möchten, und zu viele Rezepte, die auf Umsetzung warten. Wir haben zu viele Sender im Fernsehen. Die Informationen, die uns Tag für Tag erreichen, können wir längst nicht alle verarbeiten. Kinderzimmer quillen von Spielzeug über, obwohl wir wissen, dass dieses Zuviel die Kreativität erstickt. Unsere Kalender bieten kaum Freiräume für so etwas Exotisches wie »Muße«. Menschen haben für einen Abend zwei oder mehr Einladungen und »hoppen« dann von einer Party zur nächsten.

Es gibt ein Zuviel des Guten, bei Hühnern und Menschen.

Kennen Sie die wunderbaren Illustrierten zum Thema Landleben? Sie begeistern uns mit ihren Hochglanzfotos. Sie sprechen uns mit ihren Rezepten und Bauanleitungen an. Auf einem hohen Stapel liegen sie bei uns im Wohnzimmer, aber ich weiß genau: Mein Leben wird nicht ausreichen, um all die guten Ideen umzusetzen. Ich will alles und komme zu nichts. Genug der Bestandsaufnahme. Gehen wir einen Schritt weiter mit dem Phänomen »Zu viel des Guten«.

Man kann den Leuten in einer Viertelstunde weit mehr predigen, als sie in zehn Jahren tun werden.
Wenn du vernimmst, dass die Leute am liebsten
und emsigsten zuhören,
so beschließe deine Predigt,
so hast du auf andere Zeit wieder Zuhörer.

Eine Pastorin hat mir gesagt: »Predige immer nur so viel, dass die Leute in einer Woche schaffen können, das Gehörte anzuwenden.« Das ist ein kluger Gedanke, denn selbst die erhabensten Worte sind zu Kraftlosigkeit verurteilt, wenn sie an uns vorbeirauschen. Worte verpuffen, wenn sie keine Gestalt annehmen können, wenn wir keine Gelegenheit haben, das zu tun, was wir als richtig und wichtig erkannt haben.

Bei Seminaren möchte ich viele gute Texte und Impulse weitergeben. Die Schatzkiste ist mit guten Sprüchen, die es in sich haben, mit Geschichten voller Weisheit prall gefüllt. Eine Teilnehmerin sagte: »Da war ein Satz, der hat mich angerührt. Ich spüre, dieser eine Satz kann mein Leben verändern – wenn ich es schaffe, ihn umzusetzen!« Ein Satz! – Beim Wiedersehen hat sie von der großen Wirkung dieses einen Satzes erzählt.

Es ist faszinierend, wenn Menschen lebendig und hungrig sind, neugierig und offen, wenn sie Fragen stellen, wenn sie Worte und Anregungen wie ein trockener Schwamm aufsaugen. Einem Menschen, der keine Fragen hat, der satt ist, können Sie noch so viel Kluges, Schönes und Göttliches anbieten, es wird ihn nicht erreichen, sondern an ihm abprallen. Manchmal denke ich, dass wir uns mit dem Sattsein arrangiert haben. Es ist alles da, mehr als genug. Da ist keine Unruhe mehr, keine Wachheit, keine Sehnsucht, kein Hunger. Hoffentlich werden wir nicht so träge wie das überfütterte Huhn, das keine Eier mehr legt.

35. Verwandlungskünstler

Hape Kerkeling ist ein Verwandlungskünstler. Es ist erstaunlich, wie er in verschiedene Rollen schlüpft und sie mit Leben füllt. Mal erscheint er als Horst Schlämmer, stellvertretender Chefredakteur des Grevenbroicher Tageblattes, mal als Königin Beatrix der Niederlande oder Paartherapeutin Evje van Dampen aus Rotterdam.

In der Reihe »Unterwegs in der Weltgeschichte«, die im ZDF ausgestrahlt wurde, präsentierte er Queen Victoria, Ludwig XIV. und Katharina die Große. Von ihm erklärt, habe ich einen neuen Zugang zu historischen Personen bekommen. So lebendig und bunt hätte ich mir damals meinen Geschichtsunterricht gewünscht.

Es gibt andere Verwandlungskünstler. Die können nicht nur sich selbst verwandeln, sie haben die große Begabung, andere zu heilen und zu trösten, auf neue Gedanken und Wege zu bringen.

Einen traurigen und verzagten Menschen
fröhlich zu machen,
ist mehr, als ein Königreich erobern.

So groß denkt Martin Luther von Menschen, die das Zeug zum Verwandlungskünstler haben.

Wer Menschen aus ihrer Schwermutshöhle herauslocken kann, wer die Kräfte mobilisieren kann, die im Freund oder in der Freundin schlummern, der ist ein Lebensflüsterer. Haben Sie das schon einmal erlebt, dass Sie sich vor jemandem mit Ihrer Not öffnen konnten, dass Sie in seiner Nähe wieder zu sich fanden, nachdem Sie außer sich waren?

Sie konnten aussprechen, wo der Schuh drückt, warum Sie sich mit einem schlechten Gewissen plagen – und er hat mit Ihnen überlegt, woher Ihr schlechtes Gewissen kommt. Sie konnten weinen und haben gespürt, dass endlich in Fluss kommt, was sich schon lange aufgestaut hatte. Was eine Lymphdrainage für die Gefäße ist, das sind Begegnungen mit »Verwandlungskünstlern« für die Seele, für das Denken, für die Befindlichkeit. Es löst sich etwas! Selbst die Beratungsresistenten unter uns öffnen sich.

Die Kirche hat Zukunft, sie ist ganz neu im Kommen, wenn sie eine Kirche der Liebe, der Leib- und Seelsorge ist. Mag sein, dass die Menschen der großen Worte müde sind. Sie wollen nicht ständig hören, wie ein anständiges Leben aussieht, wenn sie selbst gerade im Kuddelmuddel stecken. Sie brauchen keine Vorlesungen und Belehrungen. Aber sie sind dankbar, sehr dankbar, wenn sich einer zu ihnen setzt, auf Augenhöhe kommt und signalisiert: Ich weiß etwas von den Wüstenwegen des Lebens. Ich habe selbst eine Menge hinter mir. Ich weiß, wie es in den Häusern drunter und drüber geht. Ich weiß etwas vom Kampf und Krampf der Menschen … Aber ich weiß noch etwas anderes: Nicht, wenn alles gut läuft, ist der Himmel auf Erden, sondern wenn etwas furchtbar danebengegangen ist, wenn etwas enorm wehtut und man trotzdem in der Liebe Gottes geborgen ist. Die Zeit der großen Worte und des Dahinplätscherns ist vorbei.

Ich stelle mir Verwandlungskünstler wie Hebammen vor. Sie helfen mit, dass neues Leben geboren wird. Sie entflechten und sie erinnern an die Möglichkeiten, die im Menschen stecken. Sie heilen gebrochene Flügel, massieren, was verspannt ist, reichen einen Kamillentee für die Seele und eine Wärmflasche fürs Herz.

Ich spreche hier nicht von einem Kuschelkurs. Nichts liegt mir ferner als das. Ich spreche davon, einem Menschen, dessen Welt in Scherben liegt, zu sagen: »Siehst du, wie deine Scherben im Licht der Gnade funkeln?«

36. Wunschlos glücklich?

Seit meiner Kindheit liebe ich die Geschichte vom Fischer und seiner Frau.

Die beiden wohnten in einer kleinen Hütte am See. Eines Tages hatte der Fischer einen Butt am Haken. Wie das im Märchen so ist: Der Butt gab sich als verwunschener Prinz zu erkennen. Er bat den Fischer, ihm das Leben zu schenken, dafür sollte der drei Wünsche frei haben. Drei Wünsche! Der Fischer hatte keine Wünsche. Er war in seiner bescheidenen Hütte, mit seiner Frau und mit seinem Beruf zufrieden.

Aber seine Frau, die Ilsebill, die hatte Wünsche. Und was für welche! In einem schönen Haus wollte sie wohnen. Kein Problem. In einem Schloss wollte sie wohnen. Auch kein Problem. Und dann war sie auf den Geschmack gekommen. Sie wollte immer mehr. König wollte sie sein, Kaiser und Papst. Immer wieder schickte sie ihren Mann los. Dem war das im höchsten Maße peinlich, aber er beugte sich dem Willen seiner Frau. »Manntje, Manntje, Timpe Te, Buttje, Buttje, in der See, meine Frau, die Ilsebill, will nicht so, wie ich es will.«

Ilsebill konnte nicht genug bekommen. Zum Schluss wollte sie wie Gott werden. Das war zu viel. Nach ihrem grandiosen Aufstieg landete sie wieder in der kleinen Hütte am See.

Der Fischer hat sich mit dem, was ist, abgefunden! Er ist mit sich und seiner Welt zufrieden. Er hat keine Wünsche und keine Träume. Seine Ruhe möchte er haben, bloß keine Veränderung oder Aufregung. – Ist es lobenswert, wenn ein Mensch wunschlos glücklich ist? Ich weiß nicht, wie Sie das sehen, aber ich möchte mit einem solchen Mann nicht verheiratet sein. Dem fehlt jegliche Lebendigkeit.

Es ist gut, wenn wir Wünsche haben. Sie locken uns nach vorn und beflügeln uns. Sie erinnern uns auch daran, dass es noch etwas Größeres gibt als das, was wir derzeit leben können.

Wenn wir wissen, was wir wünschen, wo wir hinwollen – dann wissen wir auch, wie wir das Leben gestalten müssen. Also, haben Sie Wünsche. Bestürmen Sie den Himmel und die Menschen an Ihrer Seite. Bewahren Sie Ihre Lebendigkeit!

 Es ist eine große Wohltat Gottes,
dass er uns nicht alles gibt, was wir wünschen,
so würde er uns nämlich viel Anlass zum Traurigsein
geben.

Manche Wünsche sind allerdings unverschämt, dumm und zu kurz gedacht. Der Mensch kann nicht sein wie Gott, liebe Ilsebill. Und das Anspruchsdenken, das wir in unserem Land pflegen, kann nicht ins Unermessliche gesteigert werden. Wir leben in einer begrenzten Welt, uns sind Grenzen gesetzt.

Immer nur Erfolg zu haben, tut einem Menschen nicht gut; er braucht auch Niederlagen für seine innere Entwicklung. Es kann nicht immer nur die Sonne scheinen, wir brauchen auch Regen und Frost!

Dietrich Bonhoeffer hat gesagt: »Nicht alle unsere Wünsche, aber alle seine Verheißungen erfüllt Gott.« Das ist gut zu wissen, wenn etwas anders kommt, als wir es uns vorgestellt haben.

Und Ilsebill? Wollte sie wirklich ein Schloss, wollte sie wirklich König und Kaiser werden? Manchmal wissen wir überhaupt nicht, was wir wirklich wollen. Wir meinen: »Wenn ich das habe, dann … wenn mir das gelingt, dann … wenn ich das gesehen und gelesen habe, dann …« Doch wenn wir bekommen haben, was wir wollten, dann sind wir immer noch nicht zufrieden.

Zufrieden sind wir erst dann, wenn wir den Reichtum entdecken, der eine andere Qualität hat als das, was es in dieser Welt zu wünschen gibt.

37. Ja sagen zu dem, was ist

Annehmen, was ist – und versuchen, das Beste daraus zu machen. Das imponiert mir. Ich bewundere Menschen, die improvisieren können. Meine Mutter hat erzählt, dass sie in den Kriegsjahren alte Zuckersäcke aufgeribbelt hat, um daraus Babykleidung zu häkeln. Auf ihre Werke war sie stolz wie Oskar. Es gab keine Lebensmittel zu kaufen, also mussten die Frauen aus dem wenigen, was im Garten gewachsen war, was aus Hühner- oder Schweinestall zu holen war, etwas machen. In unserer Familie gab es ein Standardrezept aus den mageren Jahren:

Stukepuffer: Zehn große Kartoffeln werden geschält und klein gerieben; zwei große Zwiebeln werden gepellt und klein gerieben. Dazu kommen zwei Eier und Salz. Diese Masse wird nach Bedarf mit Milch aufgefüllt und in einer Pfanne unter ständigem Rühren etwa eine halbe Stunde lang gar gekocht.

Inzwischen habe ich viele kulinarische Köstlichkeiten kennengelernt, aber jedes Mal, wenn ich unseren »Stukepuffer« esse, denke ich mit Hochachtung daran, wie Menschen es geschafft haben, aus den bescheidenen Zutaten, die ihnen zur Verfügung standen, etwas zu machen.

Wer sich mit 100 Gulden nicht ernähren kann,
der ernährt sich auch nicht mit 1 000.

Im Hause Luther lebten viele Menschen: Gäste, Studenten, arme Verwandte, Mägde und Knechte. 40 bis 50 Personen mussten zeitweise beköstigt werden. Die Unterhaltung der Häuser war aufwändig. Luther bezog zwar ein stattliches Professorengehalt, außerdem noch Korn und Malz, Heu und Holz vom Kurfürsten. Trotzdem war das Geld immer knapp.

Von den Zuhörern, die seine Vorlesungen besuchten, erhob Luther keine Studiengebühren, ein Autorengehalt hat er zurückgewiesen. Er wollte an seinen Schriften nichts verdienen. Katharina war darüber nicht sehr erfreut.

Zum Glück war sie mit großer Schaffenskraft und einem bewundernswerten Improvisationstalent ausgestattet. In aller Frühe ging der »Morgenstern von Wittenberg«, wie der Reformator sie liebevoll nannte, ans Werk. Ihr ist es zu verdanken, dass Gastfreundschaft im Hause Luther möglich war. Den Bedürftigen in der Nachbarschaft konnte auch noch geholfen werden. Katharina hat nicht gesagt: »Das tu ich mir nicht an, das muss ich nicht haben.« Sie hat versucht, die oft bescheidene Situation zu meistern.

Was wäre die Welt ohne Frauen und Männer wie sie, die ihren Beitrag leisten, dass die Welt, die so ist, wie sie ist, nicht so bleibt, wie sie ist. Das Leben ist nicht immer so, wie wir es uns wünschen; es ist, wie es ist. Und der ist gut dran, der es versteht, aus dem, was ist, das Beste zu machen.

Keiner mag es hören, aber wir werden mit zunehmendem Alter nicht fitter. Wir werden mit Demenz, mit Scheidungen, mit Hörgeräten und Bypässen, mit Depressionen, Kündigungen, Getratsche, Arthrose und Herzschmerz konfrontiert – bei uns selbst und um uns herum. Wenn wir sagen: »Das darf nicht sein. Ich habe doch ein Recht auf …«, dann machen wir es uns sehr schwer. Wenn wir uns gegen etwas auflehnen und mit dem Kopf durch die Wand wollen, dann kostet das viel Kraft. Wer sagen kann »Es ist, wie es ist!« und »Dein Wille geschehe!«, der kann das, was ist, gestalten. Er kann versuchen, das Beste daraus zu machen.

Wer nicht zufrieden ist mit dem, was er jetzt hat, der wird auch nicht zufrieden sein, wenn er etwas anderes hat. Ist da etwas dran?

38. Wer zwei Hasen jagt, fängt keinen

Was heißt hier *zwei* Hasen jagen? Wir jagen vier, fünf oder sechs zur gleichen Zeit. Multitasking nennen wir das. Das müssen wir beherrschen, wenn wir mithalten wollen. Das ist effizient.

Ein Koch auf der Aida, der 1 000 oder 2 000 Mittagessen auf die Tische bringen muss, hat keine Zeit für Beschaulichkeit, zur Achtsamkeit, der hat nicht nur viele Töpfe am Kochen, der gibt Kommandos für Orangensoße, Wildterrine und Birne Helene und hat im Blick, ob der Rosmarinzweig richtig auf den Spaghetti liegt. Und wenn es gut geht, fällt ihm zu allem anderen auch noch auf, dass die junge Suppenköchin heute ausgesprochen nett lächelt.

Unsere Kinder wachsen damit auf und können erstaunliche Resultate aufweisen: Sie können sich gleichzeitig mit Bruchrechnung beschäftigen, laute Musik hören, nebenbei die Soap im Fernsehen verfolgen und das Handy im Blick haben, ob sich etwas bei Facebook tut.

Multitasking ist gefragt, im Management, im Krankenhaus, im Pfarramt und vor allem bei Müttern. Letztere sollen dafür besonders begabt sein. Das Zusammenspiel von telefonieren, bügeln und fernsehen ist ihre leichteste Übung. Autofahren, telefonieren, eine wichtige Adresse aufschreiben und dem Kind auf der Rückbank einen Keks reichen ist für die meisten auch kein Problem – obwohl es aus gutem Grund nicht erlaubt ist. Mit einer Freundin reden und gleichzeitig am Nachbartisch mit einem Ohr zuhören, nebenbei eine SMS beantworten und ein Eis essen gelingt denen, die schon etwas fortgeschritten sind.

 Ein Geist, der mit verschiedenen Geschäften umgeht, kann sich nicht sammeln.

Unser Geist kann aber immer nur einen Gedanken denken. Wir können uns nicht gleichzeitig auf mehrere Sachen konzentrieren.

Was auch spannend ist: Stress entsteht immer dann, wenn wir etwas tun und mit unseren Gedanken zugleich ganz woanders sind. Wenn wir also der Arbeit, den Menschen und uns selbst nicht die nötige Zeit und Aufmerksamkeit schenken, wenn wir gar nicht richtig bei dem sind, was wir tun oder reden.

Wer kennt sie nicht: Menschen, die mit uns sprechen, aber mit ihren Gedanken ganz woanders sind. Es gibt Berichte von Operationen, da kann einem angst und bange werden. Die Operateure schwelgen in Urlaubserinnerungen, flirten mit der Praktikantin und beschäftigen sich gleichzeitig mit unseren Divertikeln. Böse Zungen behaupten sogar, dass Menschen sich lieben können und … Nein, das möchte ich jetzt nicht zu Ende denken.

Achtsamkeit hat etwas mit Wertschätzung zu tun. Martin Luther kannte das aus seiner Zeit im Kloster. Bei den Mönchen spielt die Achtsamkeit eine große Rolle. Ganz bei den Menschen, bei Gott und bei uns selbst sein, bewusst leben!

Wir sparen keine Zeit, wenn wir verschiedene Dinge gleichzeitig tun oder denken. Ganz im Gegenteil. Bei uns im Schaumburger Land sagen wir: »Du schmeißt mit dem Hintern um, was du mit den Händen getan hast!«

Machen wir uns nichts vor: Wir bewältigen nicht mehr, wenn wir mit mehreren Dingen gleichzeitig beschäftigt sind. Das Ergebnis des »Multitasking« heißt in vielen Fällen: Wir verzetteln uns, wir fühlen uns überfordert, wir sind gestresst. Wer seine Gedanken hierhin und dorthin schickt, wird letztendlich nichts behalten. Eins nach dem anderen! Das entspannt und lässt uns erstaunlich viel schaffen.

39. Auf die Einstellung kommt es an

Jeder Mensch trägt einen Chor an inneren Stimmen in sich. Die sind pausenlos am Reden, geben ihre Kommentare ab, zu jeder Arbeit, die zu tun ist, zu jeder Nachricht, die ihn erreicht, zu jedem Menschen, dem er begegnet.

Zwei Frauen stehen morgens mit je drei Körben Bügelwäsche im Hauswirtschaftsraum. Die eine sagt: »Das ist nicht zu schaffen. Es lohnt nicht, dass ich anfange.« Die andere stellt sich schöne Musik im Radio an und hat in einer guten Stunde alles erledigt.

Unsere inneren Stimmen beeinflussen unsere Stimmung. Sie beeinflussen, wie wir unsere Tage gestalten, wie unsere Beziehungen zu den Menschen aussehen. Wie wir mit Konflikten umgehen oder mit dem Älterwerden, mit pubertierenden Töchtern oder einer wunderlichen Tante – alles entscheidet sich an der Beschaffenheit unserer Gedanken.

Ein Herz, das voller Freude ist,
sieht alles licht,
ein trauriges Herz sieht alles trübe.

Wir können uns nicht immer aussuchen, mit welchen Denkmustern wir ins Leben geschickt werden. Wir sind von den Menschen in unserem nächsten Umfeld geprägt. Wer es seinen Eltern nur selten recht machen konnte, der wird auch als Erwachsener in vielen Variationen hören, wie die inneren Stimmen ihm zuraunen: »Du bist nicht gut genug! Streng dich an!«

Es gibt Menschen, die ständig nach dem berühmten Haar in der Suppe suchen – und wenn sie keins gefunden haben, dann schütteln sie so lange mit dem Kopf, bis eins drin liegt. Sie sind mit sich und dem Leben nicht zufrieden. Ständig vergleichen sie sich mit anderen, und – wen wundert's – sie werden immer jemanden finden, der attraktiver, beliebter, reicher und klüger als sie ist.

Es gibt aber auch Menschen, die anders ticken. Sie sagen: »Egal, was ist, ich mache etwas draus.« Sie können sich an kleinen Dingen erfreuen. Sie wissen, dass Widerwärtigkeiten und Schlechtwetterzonen zum Leben dazugehören. Wenn sie sich beim Skifahren ihren Knöchel gebrochen haben, dann fällt ihnen vieles ein, womit sie sich diese Zeit versüßen können.

Im Talmud heißt es: »Achte auf deine Gedanken, denn sie werden zu deinen Worten. Achte auf deine Gedanken, denn sie werden zu deinen Taten. Achte auf deine Taten, denn sie werden zu deinen Gewohnheiten. Achte auf deine Gewohnheiten, denn sie werden dein Charakter. Achte auf deinen Charakter, denn er wird dein Schicksal.«

Wer bestimmt, welche Stimmen in uns sprechen, welche Einstellung wir zum Leben haben, ob in unserem Herzen die Freude vorherrscht oder die Trübsal? Müssen die Prägungen der Kindheit uns zeitlebens bestimmen oder sind Veränderungen möglich? Martin Luther traut dem Geist Gottes zu, dass er uns neu denken lässt, uns eine andere Sicht der Dinge, Kraft und Weisheit vom Himmel schenkt.

Im Neuen Testament steht das griechische Wort »Metanoia«. Luther hat es mit »Buße« übersetzt. Wörtlich heißt es »Umdenken«. Das ist aber nicht so einfach, als könnten wir im Kopf einen Schalter umlegen und dann himmlisch statt erdenschwer denken. Luther ist der Meinung, dass uns das neue Denken geschenkt werden muss. Um dieses Wunder geht es in der Kirche: dass Menschen den Geist empfangen, der frischen Wind in ihr Denken bringt, einen langen Atem verleiht, ihr Gewissen wachrüttelt und sensibilisiert, tröstet und Durchhaltekraft verleiht.

40. Selbst bestimmt, selbst genug, selbst gerecht

»Unser Kind soll nicht getauft werden. Wir möchten, dass es später einmal selbst entscheidet, zu welchem Glauben es sich bekennen will.« Sätze wie diesen haben wir immer wieder gehört. Eltern nehmen das mit der bewussten Entscheidung, mit der Freiheit ihrer Kinder sehr ernst.

Ja, Kinder können noch nicht selbst bestimmen, zu welcher Konfession sie gehören wollen. Sie können nicht einmal selbst bestimmen, wann sie in die Windel machen, was sie essen und trinken wollen, wie sie sich vor Regen, Wind und älteren Geschwistern schützen, ob sie ein Bett und ein Dach über dem Kopf haben. Und trotzdem sind sie in der Zusage Gottes aufgehoben: »Du bist wertgeachtet in meinen Augen … Ich habe dich bei deinem Namen gerufen, du bist mein.«

Im Wartezimmer des Neurologen saß ein Schlaganfallpatient, sichtbar gezeichnet. Er sagte zu seiner Frau: »Ich gehe jetzt zur Toilette.« – »Das musst du nicht, du hast eine Windel um«, erklärte seine Frau. Der Dialog wiederholte sich etwa fünfzehn Mal. Ein Mensch kann nicht mehr selbst bestimmen, wie und ob sein Körper funktioniert. Aber er ist trotzdem in der Liebe Gottes aufgehoben.

Die Frauen und Männer, die den Gottesdienst im Seniorenheim besuchen, sind alt. Viele kommen mit dem Rollator, andere werden von Pflegerinnen mit einem Rollstuhl hereingefahren. Sie schaffen den Weg vom Zimmer zum Andachtsraum nicht mehr allein. Es kommt vor, dass sie einschlafen oder ins Leere starren, als seien sie weit weg. Sie verstehen nicht viel, manchmal singen sie vor sich hin oder ziehen sich aus. Aber wenn wir das Vaterunser beten, wenn der Segen gesprochen wird, dann sind sie hellwach. Dann ist deutlich zu spüren, dass sie berührt sind. Sie können nicht mehr selbst entscheiden, haben Betreuer. Aber sie sind aufgehoben in Gottes Nähe – so, wie sie sind.

> Gott macht uns selig
> durch das Bad der Widergeburt und Erneuerung
> im Heiligen Geist,
> den er über uns reichlich ausgegossen hat
> durch Jesus Christus, unseren Heiland,
> damit wir, durch dessen Gnade gerecht geworden,
> Erben des ewigen Lebens würden
> nach unserer Hoffnung.
> Das ist gewisslich wahr.

»Ich bin getauft«, das hatte Martin Luther auf seinen Schreibtisch geschrieben. Das wollte er immer vor Augen haben, um es nur nicht zu vergessen. Er wurde angegriffen. In seinem Innern tobten Angst, Selbstzweifel und Widersprüche. Er hatte etwas in Gang gesetzt, was er nicht vorhersehen konnte. Immer wieder quälte er sich mit der Frage, ob er gut genug, stark genug sei.

Luther wollte die Kirche nicht spalten. Was hatte er angerichtet? Er wollte schon gar nicht, dass eine Kirche nach ihm benannt wird.

»Ich bin getauft – baptizatus sum.« Das gab ihm Halt. Egal, was war, was ist und was kommen wird: Ich gehöre zu Gott, in diesem Leben und in dem, was dann kommt.

Die Taufe schenkt Zukunft, Wert und Weite, befreit vom Druck, lässt uns am Reichtum Gottes teilhaben.

»Ich bin getauft!« – Wir sollten es uns auf einen Zettel schreiben. Über meinem Leben steht das Ja Gottes. Deshalb kann ich auch zu mir Ja sagen und mich annehmen, so, wie ich bin.

41. Aus dem Vollen schöpfen

Es ist ein schönes Bild, das uns der Schweizer Dichter Conrad Ferdinand Meyer mit dem »römischen Brunnen« vor Augen malt. Ein Wasserstrahl steigt auf und fließt von einer Marmorschale in die beiden darunterliegenden. »Und jede nimmt und gibt zugleich und strömt und ruht!«

Die Quelle des Lebens fließt unaufhörlich. Die Quelle aller Liebe, Heilkraft, Fülle, Weisheit und Stärke. Und wir können uns immer wieder Nachschub holen, von einem Augenblick zum nächsten. Wir können aus dem Vollen schöpfen. Empfangen und geben, mich geliebt wissen und lieben, bei mir selbst sein und mich an andere verschenken, mich berühren lassen und andere berühren, mir etwas sagen lassen und anderen etwas zu sagen haben.

Wer meint, er müsse alle Kraft aus sich selbst schöpfen, der wird bald erschöpft sein. Der römische Brunnen lädt uns ein, unsere Reservoirs immer wieder auffüllen zu lassen und reichlich abzugeben.

Ein Christ ist ähnlich einer Röhre,
durch die Wasser fließt.
Durch ihn will Gott als durch sein Werkzeug alles wohl tun
und durch sie und ihren Willen
treibt er unaufhörlich sein Werk.

Strömen und Ruhen, Beten und Arbeiten. Martin Luther hat etwas von diesem Rhythmus gewusst. »Ich habe heute viel zu tun, darum muss ich heute viel beten.« Gerade an Tagen, an denen wir meinen, wir könnten uns keine Pause erlauben, brauchen wir sie am nötigsten. Gerade Menschen, die viel leisten müssen, brauchen immer wieder Nachschub für Körper, Seele und Geist.

Ich kenne Frauen, die haben jahrelang ihre Eltern und Schwiegereltern gepflegt. Sie haben sich keine Auszeit gegönnt, haben sich vor lauter Pflichtbewusstsein selbst vernachlässigt. Irgendwann sind sie vollkommen erschöpft zusammengeklappt. Es holt uns ein, wenn wir uns verausgaben und dabei den Rhythmus von »Strömen und Ruhen« vergessen.

Immer mehr Menschen in unserem Land sind von Burn-out betroffen. Jahrelang waren sie auf der Überholspur unterwegs, haben über ihre Kräfte gelebt. Und dann ging gar nichts mehr. Sie waren ausgebrannt.

Bernhard von Clairvaux, der Gründer des Zisterzienserordens, hat an Papst Eugen III. vor über 800 Jahren einen wunderbaren Brief geschrieben. Papst Eugen war jemand, der viel arbeitete und dazu neigte, sich zu verausgaben.

»Es ist viel klüger, du entziehst dich von Zeit zu Zeit deinen Beschäftigungen, als dass sie dich ziehen und dich nach und nach an einen Punkt bringen, an dem du nicht landen willst. Du fragst: ›An welchen Punkt?‹ An den Punkt, wo das Herz hart wird. Wenn also alle Menschen ein Recht auf dich haben, dann sei auch du selbst ein Mensch, der ein Recht auf sich hat. Warum solltest einzig du selbst nichts von dir haben? Wie lange noch schenkst du allen anderen deine Aufmerksamkeit, nur nicht dir selbst? Ja, wer mit sich selbst schlecht umgeht, wem kann der gut sein? Denk also daran: Gönne dich dir selbst. Ich sag nicht: ›Tu das immer.‹ Ich sage nicht: ›Tu das oft.‹ Aber ich sage: ›Tu das immer wieder einmal.‹ Sei wie für alle anderen auch für dich selbst da, oder jedenfalls sei es nach allen anderen.«

»Gönne dich dir selbst.« Lassen Sie die Quelle des Lebens in Ihnen fließen – und dann geben Sie das, was Sie empfangen haben, gern und reichlich an andere weiter. Der römische Brunnen ist ein schönes Bild für den Rhythmus des Lebens.

42. Das Sakrament des Augenblicks

Ein Zoologieprofessor kommt gebeugten Ganges nach Hause. »Schatz, du musst sofort einen Arzt rufen. Ich kann nicht mehr aufrecht gehen.« Der Arzt untersucht den Professor sehr gründlich und sagt dann: »In erster Linie möchte ich Ihnen raten, den obersten Knopf Ihrer Hose aus dem dritten Knopfloch Ihrer Weste zu lösen.«

Es gibt viele Witze über zerstreute Professoren. Wer gedanklich damit beschäftigt ist, das Universum zu ergründen, der kann im Bad schon mal das Deo mit der Zahncreme verwechseln.

Ab und zu attestiert mir meine Mutter auch das »Zerstreuter-Professor-Syndrom«: »Du bist nie ganz da!« – Es gibt ja auch viel zu bedenken. Vielleicht sollte ich mir eine Auszeit im Kloster gönnen, um Achtsamkeit zu lernen. »Wenn ich esse, dann esse ich. Wenn ich lese, dann lese ich …« Wir kennen das.

Kleine Kinder beherrschen die Kunst der Achtsamkeit. Die sind immer ganz im Hier und Jetzt, mit allen Sinnen. Es ist schön zu sehen, wie sie ganz versunken sind, während sie Bauklötze aufstapeln, im Wildpark die Rehe und Ziegen füttern, im Sandkasten Kuchen backen. Von den Kindern können wir lernen, was Meditation ist. Für sie gibt es kein Gestern und Morgen, keine Sorgen darum, wie die Arbeit zu bewältigen ist. Für sie gibt es nur das Jetzt und Hier.

Und wir? Es gibt Menschen, die sitzen bei Fisch und Wein in einer Trattoria. In Positano, direkt am Meer, mit Blick auf Capri. Und sie sprechen mit ihren Freunden über zu Hause. Wenn sie dann wieder zu Hause sind, in Bottrop oder Bückeburg, dann träumen sie von Italien, von Zitronenbäumen, Limoncello und Tartuffo-Eis. Ist das nicht verrückt?

Jean-Pierre de Caussade (1675–1751), ein französischer Jesuit, spricht vom »Sakrament des Augenblicks«, vom einzigartigen Jetzt, in dem Gott gegenwärtig ist.

Die beste Zeit im Jahr ist mein,
da singen alle Vögelein,
Himmel und Erden ist der voll,
viel gut Gesang, der lautet wohl.

Wenn ich dieses Lied gesungen habe, dann bin ich davon ausgegangen, dass Martin Luther den Mai oder den Sommer als die beste Zeit im Jahr besingt. Es geht schließlich um die Nachtigall.

Inzwischen habe ich von dem bekannten Musiker Fritz Baltruweit gehört, dass Luther mit der »besten Zeit« die meint, in der Musik erklingt, in der gesungen wird. Die Zeit, in der er sich Gott nahe weiß. So kann ich mir das vorstellen: Die beste Zeit ist die, in der ein Mensch eins mit Gott, der Welt und sich selbst ist. Die beste Zeit ist die, in der wir dem Schöpfer danken und seine Geschenke genießen. Die beste Zeit ist die, in der wir den Glanz des Himmels in unser Leben lassen, mit Gott verbunden durch die Welt gehen.

Dem singt und springt sie Tag und Nacht,
seins Lobes sie nichts müde macht:
Den ehrt und lobt auch mein Gesang
und sagt ihm einen ewgen Dank.

Den Augenblick entdecken als die beste Zeit. Ganz da sein, bei dem, was wir tun und sagen. Achtsam sein für das, was Menschen zwischen den Zeilen sagen, was in ihren Augen zu lesen ist. Wichtig ist nicht nur, *was* wir tun, sondern *wie* wir es tun, ob Liebe drin ist. In manchen Gegenden war es früher üblich, dass Frauen das Brot gesegnet haben, bevor es angeschnitten wurde. Beim Aussäen des Samens im Garten wurde ein Gebet gesprochen. Es gibt kleine Rituale der Achtsamkeit, damit wir etwas vom »Sakrament des Augenblicks« spüren.

43. Bettler und König

Meine Jacke hat zwei Taschen. In der einen Tasche steckt eine Karte mit dem Spruch: »Ich bin ein Königskind, begabt, geliebt, einzigartig und wertvoll.« In der anderen Tasche steckt eine Karte mit dem Spruch: »Ich bin ein Bettler, bedürftig, suchend, auf Hilfe angewiesen.« Je nachdem, was ich gerade brauche, ziehe ich entweder die eine oder die andere Karte aus der Tasche. Wenn ich mich klein und unbedeutend fühle, erinnere ich mich daran, dass ich ein Königskind bin. Und wenn ich mich groß fühle, kurz vor dem Abheben stehe, erinnere ich mich, dass ich eine Bettlerin bin, immer angewiesen auf Ergänzung. Ein schönes Bild.

Als Martin Luther am 18. Februar 1546 in Eisleben starb, fand man einen Zettel auf dem Schreibtisch. Darauf war seine letzte Äußerung festgehalten. Sie stammte vom 16. Februar 1546 und beschäftigte sich mit der Frage, wie die Bibel richtig zu verstehen sei:

Vergil … kann niemand verstehen,
wenn er nicht fünf Jahre Hirt oder Bauer gewesen ist.
Cicero in seinen Briefen … kann niemand verstehen,
wenn er nicht zwanzig Jahre in einem
hervorragenden Staatswesen tätig gewesen ist.
Die Heilige Schrift meine niemand genug
geschmeckt zu haben, wenn er nicht hundert Jahre
mit den Propheten die Kirche regiert hat …
Wir sind Bettler, das ist wahr.

Martin Luther blickt auf sein Lebenswerk zurück. Er hat Europa verändert, erschüttert und bereichert. Er hat uns die »Freiheit eines Christenmenschen« geschenkt, Bildung für alle gefordert und auf den Weg gebracht, er hat die Bibel übersetzt, damit jeder einen Zugang zum Wort Gottes finden kann. Was für ein reiches, pro-

duktives, gesegnetes Leben! Prediger und Professor war er, Lieder-
dichter und Übersetzer, Mönch und Ehemann, dazu zärtlicher Vater. Die Bibel war ihm vertraut wie kaum einem anderen. Er hat
mir ihr gelebt, hat für das, was ihm in seinen Studien aufgegangen
war, um die rechten Worte gerungen.

Am Ende dieses Lebens stehen die Worte: »Wir sind Bettler, das
ist wahr.«

Er sagt das zu sich selbst. Am Ende seines Lebens spürt er: Wir
sind immer im Werden, immer auf der Suche, nie fertig! Wie oft
hat er wohl darum gebeten, dass ihm Türen aufgetan werden, dass
ihm Schaffenskraft zufließt, dass er Inspiration bekommt, Geist
von Gottes Geist. Wie oft mag er sich für das Große, das durch
ihn geschehen sollte, zu klein gefühlt haben?

»Sola gratia«, wir leben allein aus der Gnade. Das war sein großes Thema. Der Mensch ist nicht geliebt, weil er viel leistet. Er
kann viel leisten, weil er geliebt ist. Das ist kein nettes Wortspiel,
an dieser Erkenntnis entscheidet sich, wie wir durch die Welt gehen. – »Ich habe dankbar in Empfang genommen«, sagen wir. Luther lebte vom Geschenkten. Er wusste: Manches ist gelungen und
manches ging daneben. Ein unruhiges Gewissen ist immer geblieben.

»Wir sind Bettler, das ist wahr.« Ich weiß mich von dem Satz
getröstet. Du weißt, Gott! Die Welt mag manches an mir finden,
was lobenswert und gelungen ist, was ich geleistet habe. Ja, ich habe immer versucht, das Beste zu geben! Für vieles bin ich von Herzen dankbar, aber ich verstehe gut, was Luther sagen möchte. »Wir
sind Bettler.« Du weißt. Wir beide wissen das.

44. Wer etwas weiß, der kann auch reden

Am frühen Morgen, wenn die anderen Familienmitglieder noch schlafen, studiert sie in aller Ruhe die Tageszeitung. Diese Zeit ist ihr wichtig. Mit großer Aufmerksamkeit verfolgt sie, was die Menschen im Land und in der Welt bewegt, besonders das, was Familien, Bildung und den ländlichen Raum betrifft. Ich bewundere ihr Gedächtnis, ihre Kompetenz und ihre Begabung, spontan Stellung zu nehmen.

Wie lernt man das? Sie sagt, es sei ihr Interesse an den Menschen, ihre Liebe zum Leben. »Inter-esse«, das heißt »dazwischen sein«. Ja, sie möchte mitmischen, gestalten, sich zu Wort melden. Wer etwas weiß, wer Zusammenhänge sieht, wer sich aus vielen Quellen informiert hat, der kann auch reden, der hat etwas zu sagen.

Wer sich auf etwas versteht,
der versteht auch davon zu reden.
Denn die Beredsamkeit ist mit der Weisheit verbunden.
Gott, der die Weisheit gibt,
gibt auch das Wort,
damit wir davon reden können.

Martin Luther hat auf den Lateinschulen in Mansfeld und Magdeburg, auf der Pfarrschule in Eisenach und als Student der freien Künste an der Universität von Erfurt eine hervorragende Bildung genossen. Er konnte Hebräisch, Griechisch und Latein. Er hatte Grammatik, Rhetorik und Dialektik auf dem Lehrplan, später Astronomie, Arithmetik, Geometrie und Musik.

Er hat sich zu vielen Themen seiner Zeit geäußert. Über manche seiner Bemerkungen schütteln wir heute mit dem Kopf, aber wir dürfen nicht vergessen, dass Luther zwischen Mittelalter und Neuzeit lebte. Es gab noch keinen Brockhaus, keinen Albert Einstein, keinen Sigmund Freud, keine Auslandskorrespondenten und kein Internet. Damals wurde noch »von oben« vorgedacht, was man zu denken hatte.

Luther war von dem Gedanken beseelt, die Christen sprachfähig zu machen. Jeder sollte Zugang zur Bibel haben, aus »erster Hand« glauben, Bescheid wissen. So etwas hatte bis dahin keiner denken können!

Es ist erstaunlich und tragisch, wie wenig Christen heute in der Bibel lesen, geschweige denn, sich davon prägen lassen. Einige Geschichten sind bekannt, einige Rosinen werden herausgepickt – das war's. Sind wir sprachfähig, wenn wir mit jungen Türken zusammentreffen? Oder mit denen, die pendeln und die Sterne befragen? Mit denen, die meinen, dass jeder selbst seines Glückes Schmied ist, oder mit den gebildeten Buddhisten in dieser Gesellschaft, die einen großen Zulauf haben?

Wenn ich an meinen Konfirmandenunterricht denke, dann fällt mir auf, dass wir damals sehr viel auswendig lernen mussten. Widerwillig haben wir den Katechismus, die Lieder und Psalmen sowie bekannte Bibelstellen gepaukt. Und heute? Nach 45 Jahren erinnere ich mich immer noch daran. An die Zehn Gebote und »Befiehl du deine Wege«, an die Seligpreisungen und die Bergpredigt.

Können wir Auskunft geben über unseren Glauben, wenn wir gefragt werden? Sind wir im Bilde über den Himmel und die Erde? Und sind wir in der Lage, die Bilder, die wir uns von Gott, den Menschen und uns selbst gemacht haben, noch einmal infrage zu stellen?

Ich wünsche mir sehr, dass wir das Interesse an Menschen, die Liebe zum Leben und das Vertrauen zu Gott neu entdecken, dass wir das christliche Tafelsilber neu polieren und etwas zu sagen haben über das, was die Welt im Innersten zusammenhält.

45. Leise werden

Im Anfang war das Wort, und das Wort war bei Gott,
und Gott war das Wort.
Dasselbe war im Anfang bei Gott.
Alle Dinge sind durch dasselbe gemacht,
und ohne dasselbe ist nichts gemacht, was gemacht ist.
In ihm war das Leben,
und das Leben war das Licht der Menschen.

Johannes 1,1-4

Gott spricht. Am Anfang der Welt, zu Abraham und Jona, zu Maria und zu Josef. Gott spricht auch heute. Durch die Bibel, durch einen Film, durch Musik oder den Blick von der Mutspitze auf Meran. Er spricht durch ein Buch, das uns zutiefst berührt, durch einen Brief voller Freundlichkeit. Er spricht durch eine Krankenschwester, die sich in der Nacht vor einer Operation an unser Bett setzt. Gott spricht auch heute noch, lässt uns ein Licht aufgehen, hält eine Tür verschlossen, durch die wir gerne gehen wollten – und öffnet dafür eine andere …

Es gibt kein größeres Ding,
als dass wir glauben können,
dass Gott mit uns redet.
Wenn wir das glaubten, wären wir schon selig.

Es ist laut in unserer Welt, nicht nur in großen Industriebetrieben, in Diskotheken und in der Nähe von Presslufthämmern. Wir werden berieselt, informiert, durch Werbung gelockt, mit Worten überschüttet.

Zum Teil sind die Worte wertvoll, zum Teil ähneln sie dem, was Fachleute »Logorrhö« nennen, das ist ein kaum zu stoppender Redefluss oder »Sprechdurchfall«. Warum »Logorrhö« weiblich ist, kann ich mir nicht erklären.

In unserer Kirchengemeinde wird neuerdings eine »Auszeit« angeboten. Für eine halbe Stunde kommen wir abends um 19.00 Uhr in der Kirche zusammen und werden still. Es gibt keine Musik und keine Predigt – nur drei oder vier inspirierende Texte. Eine Besucherin war so angerührt vom Erlebnis der Stille, dass sie sagte: »Eigentlich müsste man das jeden Tag haben, ein halbe Stunde lang still sein, nichts tun, alles loslassen, die leeren Hände hinhalten – und mal nicht denken, die Welt würde ohne uns zusammenbrechen.« Ja, warum gönnen wir uns nicht regelmäßig, dass Körper, Seele und Geist zur Ruhe kommen?

Wie hat Martin Luther Gott gehört? Im Gewitter bei Stotternheim? Damals, beim Anblick des Johann Tetzel, als er seine Ablassbriefe mit dem Spruch »Sobald das Geld im Kasten klingt, die Seele in den Himmel springt« verkaufte? Hat Luther Gott gehört, als er beim Tod seiner Kinder in den Grundfesten erschüttert war?

Es gibt tausend Weisen, wie Gott mit uns redet – und wir werden nicht eindeutig sagen können: Das hat Gott gesagt! Womöglich spricht er durch unsere seltsame Nachbarin. Die weiß gar nichts davon, aber ein Satz hat uns wachgerüttelt. Womöglich spricht Gott durch unsere Verspannungen und Kopfschmerzen. Wir fühlen uns so elend dabei, dass wir nicht mehr übersehen können, wie sehr wir unter Druck stehen. Es muss nicht immer eine hochkarätige Predigt sein!

»Du in mir und ich in dir!« – Das ist ein Satz, den ich regelmäßig bete, verbunden mit einem ruhigen Ein- und Ausatmen. Vorm Einschlafen, bei der Mittagsruhe, vor wichtigen Gesprächen und schwierigen Begegnungen, mittendrin in vollen Tagen. Das macht ruhig und schafft eine gesunde Distanz zu dem, was ist. Seltsam, dass dieser Satz weiter wirkt und zu einem ständigen Begleiter wird.

Was die Meditation betrifft, haben wir Christen einen reichen Erfahrungsschatz.

46. Wenn die Schulen zunehmen, stehts wohl im Land

Bei uns im Schaumburger Land, in Obernkirchen, gab es bis 1970 eine Landfrauenschule. Wenn ich deren ehemalige Schülerinnen treffe, die sogenannten »Maiden«, dann bin ich immer wieder überrascht von ihrer starken Persönlichkeit, von ihrer Lebenskompetenz und Herzensbildung.

Gemeinsames Leben, Lernen und Arbeiten gehörte zum Konzept der Schule. Neben einer guten Allgemein- und Berufsbildung wurden Fairness, Zivilcourage, Toleranz, Werte und soziale Kompetenz vermittelt. Die Schülerinnen haben zusammen musiziert und Theater gespielt. Es wurden Freundschaften fürs Leben geschlossen. Diese Schulform war ein gelungenes Beispiel dafür, dass Bildung nicht nur die Vermittlung von Wissen bedeutet, sondern dass es darum geht, junge Menschen auf das Leben vorzubereiten, Persönlichkeiten zu prägen und Kreativität zu fördern.

Es ist erstaunlich, was Martin Luther vor fast 500 Jahren in Sachen Bildung erkannt und auf den Weg gebracht hat. In seiner Schrift »An die Ratsherren aller Städte deutschen Landes« verlangte er 1524, »dass sie christliche Schulen aufrichten und halten sollen«. Das ging nicht von heute auf morgen, aber in den evangelischen Fürstentümern wurden tatsächlich Schulen eingerichtet. Nicht flächendeckend, zuerst nur für Jungen, aber immerhin war ein Anfang gemacht.

Luthers Ideen und Vorschläge waren revolutionär. Er verlangte Bildung für alle, Volksschulen. Stellen wir uns das mal vor: Ein Theologe schreibt an Politiker und wird gehört. »Leute, sorgt dafür, dass Schulen gebaut werden.«

Eine gute Bildung ist eine wertvolle Investition für die Zukunft. Wer gebildet ist, hat bessere Chancen. Die Bundeskanzlerin Angela Merkel sagte im November 2009: »Wir können gar nicht genug tun, um in Bildung für alle zu investieren. Deutschland zur Bildungsrepublik zu machen, darf kein leeres Wort bleiben.«

> Darum will's hier dem Rat und der Obrigkeit gebühren,
> die allergrößte Sorge und Fleiß aufs junge Volk zu haben.
> Denn weil der ganzen Stadt Gut, Ehre, Leib und Leben
> ihnen zu treuer Hand befohlen ist,
> so täten sie nicht redlich vor Gott und der Welt,
> wo sie der Stadt Gedeihen und Besserung
> nicht suchten mit allem Vermögen Tag und Nacht.

Die Politiker werden in die Verantwortung gerufen, Bildung für alle zugänglich zu machen. Luther machte sich Gedanken über Lehrinhalte und -methoden:

»Nimmt man so viel Zeit und Mühe, dass man die Kinder Kartenspielen, Singen und Tanzen lehret: warum nimmt man nicht auch so viel Zeit, dass man sie Lesen und andere Künste lehret, weil sie jung und müßig, geschickt und lustig dazu sind? (…)

Wo man sie aber lehrte und zöge in Schulen oder sonst, da gelehrte und züchtige Meister und Meisterinnen wären, da die Sprachen und andere Künste und Historien lehrten, da würden sie hören die Geschichte und die Sprüche aller Welt, wie es in dieser Stadt, diesem Reich, diesem Fürsten, diesem Mann, diesem Weibe ergangen wäre, und könnten also in kurzer Zeit gleichsam der ganzen Welt von Anbeginn Wesen, Leben, Rat und Anschläge, Gelingen und Ungelingen für sich fassen …«

Hoffentlich nutzen wir die Bildungschancen und -angebote, die sich uns heute in großer Vielfalt bieten.

47. Wenn es fürs Sorgenmachen einen Oscar gäbe …

… dann gäbe es viele Nominierungen. Und ich hätte allerbeste Chancen, den begehrten Preis zu gewinnen. Mütter sind prädestiniert, sich um alles Sorgen zu machen.

Die Nabelschnur ist durchtrennt, aber da ist etwas in uns, das schafft ein lebenslanges Verbunden- und Verantwortlichsein.

Natürlich mache ich mir Gedanken um die Kinder, und ich höre die Flöhe husten, wenn es um ihre seelische Verfassung, um ihre Ehe, um ihre Gesundheit geht!

Zum Glück entwickeln wir uns mit zunehmender Reife: Manche Sorge habe ich inzwischen als unnötig entlarvt. Wer nichts Größeres zu bedenken hat, der mag sich mit der Frage quälen, ob es am Wochenende gutes Wetter geben wird, ob er einen guten Eindruck hinterlassen hat, ob er es schaffen kann, zur Geburtstagsfeier den Garten tipptopp in Ordnung zu haben. Aus einem gesunden Abstand betrachtet, sind das Luxussorgen. »Pillepalle«, wie eine Freundin das nennt! Dafür ist mir meine Zeit zu schade! Überhaupt: Fachleute sagen, dass Sorgen krank machen können, dass sie einem Menschen viel Energie rauben, bis dahin, dass die Stimme einen kläglichen Unterton bekommt und sich Sorgenfalten an der Stirn ausbreiten. Wer will denn so etwas?

Dass die Vögel der Sorge und des Kummers
über deinem Haupte fliegen,
kannst du nicht ändern.
Aber dass sie Nester in deinem Haar bauen,
das kannst du verhindern.

Das hat Martin Luther wieder genau auf den Punkt gebracht Er kannte sich mit den Vögeln der Sorge und des Kummers aus. In

Schwärmen umkreisten sie ihn, hatten viele Namen. Ganz bestimmt gehörte seine angeschlagene Gesundheit dazu, die sich negativ auf sein Gemüt ausgewirkt hat.

Katharina Luther sorgte dafür, dass die Vögel der Sorge keine Nester bauen konnten. Sie hatte etwas Zupackendes, hat nicht ängstlich wie das Kaninchen auf die Schlange gestarrt. Sie hat getan, was frau tun kann. Danach ist sie wahrscheinlich müde ins Bett gefallen – und nach der Vaterunser-Bitte »Dein Wille geschehe« eingeschlafen.

In der englischen Sprache gibt es eine feine Unterscheidung, wenn es um Sorgen geht. Einmal heißt es: »I worry«. Das heißt: Ich mache mir Sorgen um … Und dann heißt es: »I take care of«. Das bedeutet: Ich kümmere mich. Ich sorge gut für jemand oder etwas.

Es ist ein großer Unterschied, ob ich grübele, wie das wohl im Alter sein wird – oder ob ich mich darum kümmere, dass alles Nötige, soweit es in meinen Möglichkeiten steht, bedacht und auf den Weg gebracht ist.

Sich zu sorgen bringt gar nichts, außer dass es uns die Freude und die Kraft für den Tag raubt. Sollten die Vögel der Sorge und des Kummers, diese Szenarien, was alles passieren kann (und gerade wir Frauen haben da eine blühende Fantasie), doch wieder angeflogen kommen, dann können wir sagen: »Bis hierher und nicht weiter!«, und dann gehen wir erst einmal an die frische Luft oder rufen einen begabten Sorgenvertreiber an.

Ob wir wollen oder nicht: Das Leben ist voller Risiken und endet in dieser Welt mit dem Tod. Wir haben keine Garantie, dass immer alles glatt läuft. Tun wir also, was in unserem Kompetenzbereich liegt, und überlassen wir alles andere Gott.

48. Die Wahrheit macht frei

Einige sagen, er sei sympathisch und charmant. Andere sagen, er sei ein Stinkstiefel und arrogant. Wie ist der Mann wirklich?

Ein Mensch, für den wir alles geben würden, ist einem anderen völlig gleichgültig.

Es gibt verschiedene Meinungen und Sichtweisen. Wir erleben das in Talkrunden, wenn sich Leute mit unterschiedlichen Lebenshintergründen über ein Thema austauschen. Zum Schluss kommen wir zu dem Ergebnis: Ja, das kann ich so oder so oder noch ganz anders sehen. Und was ist wahr?

Ich treffe Menschen, die haben sich in ihrer Welt eingerichtet. Es ist schlüssig, wie sie leben, wie sie argumentieren, warum sie etwas so und nicht anders machen und welche Ziele sie vor Augen haben.

Aber: Ist das wahr, wie sie sich eingerichtet haben? Oder leben sie wie unter einer Käseglocke? Gemessen am großen Ganzen ist manches ziemlich kurz gedacht, lächerlich. Wir erinnern uns: Es gab eine Zeit, da haben Menschen gedacht, die Erde sei eine Scheibe und der Himmel wölbe sich darüber. Ob manchem Menschen die Öffnung seiner persönlichen Käseglocke noch bevorsteht?

»Ach komm, lass es gut sein!«, sagen manche und kehren etwas um des »lieben Friedens« willen unter den Teppich. Ich möchte gar nicht wissen, was sich alles unter deutschen Teppichen tummelt. Wirklicher Friede ist aber nur möglich, wenn wir etwas geklärt haben, wenn wir klare Absprachen getroffen haben, wer wann, wo und für was verantwortlich ist.

Solange Kinder klein sind, lassen wir manches durchgehen, sogar kleine Unarten. »Die sind doch so niedlich.« Wer versäumt hat, bei den süßen Wonneproppen Grenzen zu ziehen, der wird sich wundern, was da in der Pubertät heranwächst.

Erst hat die Schwiegertochter alles akzeptiert, als sie in das Haus des Mannes gezogen ist; sie wollte ja keinen Streit. Nach zehn Jahren hat sie gemerkt, in welchen Zwängen sie gelandet ist, dass sie ausgenutzt wird.

Klärungen sind um der Wahrheit willen wichtig.

Natürlich werden wir dem anderen (frei nach Max Frisch) die Wahrheit nicht wie einen nassen Lappen um die Ohren schlagen. Wir werden sie ihm besser wie einen Mantel, in den er hineinschlüpfen kann, hinhalten. Wahrheit ohne Liebe ist kaum zu ertragen.

Friede, wenn möglich,
aber Wahrheit um jeden Preis!

Martin Luther war bewegt von einem Geheimnis, das die Welt veränderte. Das konnte Kaiser Karl V. nicht verstehen, er wollte doch genau das Gegenteil, alles schön zusammenhalten. Er hat nicht gesehen, dass sich ein neues Zeitalter ankündigte: das Zeitalter von Wirtschaft und Wissenschaft. Mexiko war entdeckt, Gold kam nach Europa, Adam Riese veröffentlichte sein Rechenbuch.

Luther hat für die Wahrheit gekämpft. Er hat den Streit gegen Kaiser und Kirche gewagt.

Ich drücke mich gerne vor Klärungen. »Wie wird der andere reagieren?« – Aber herumdrucksen, sich verbiegen und sich im Verborgenen ärgern ist nicht befriedigend.

»Die Wahrheit macht frei«, hat Jesus gesagt. Wer frei ist, der ist nicht abhängig vom Urteil der anderen, der steht in keines Menschen Schatten. Wer frei ist, der schweigt nicht, wenn über jemand anderen gelästert wird. Wer frei ist, der steht auf, wenn etwas nicht im Einklang mit den guten Ordnungen Gottes ist.

49. Das berühmteste Tintenfass der Welt

»Da soll es gewesen sein«, wurde uns bei einem Besuch auf der Wartburg gesagt. »Neben dem Ofen, im Winter 1521/1522.« – Ist es eine Legende? Ist es wahr?

Martin Luther soll in seiner Studierstube vom Teufel belästigt worden sein, hat schreckliche Geräusche gehört, die ihm Angst gemacht haben. Er hat das Tintenfass genommen und es gegen die Wand geworfen, gegen den Bösen, der ihn beim Übersetzen des Neuen Testamentes ins Deutsche störte.

Wir wissen nicht, was sich tatsächlich zugetragen hat. Fest steht, dass Martin Luther sich zeitlebens mit bösen Geistern geplagt hat. Wenn es raschelte, wenn er schlechte Träume hatte, wenn es draußen polterte, dann war es für ihn der Teufel. Im späten Mittelalter machte man den Teufel für vieles verantwortlich, hielt ihn für leibhaftig existent.

Heute haben wir Ranga Yogeshwar. Er klärt uns auf, zum Beispiel in seinem Buch »Sonst noch Fragen? Warum Frauen kalte Füße haben und andere Rätsel des Alltags«. Wir wissen heute etwas von Psychosomatik, von Lebensangst und Depressionen, von ernährungsbedingten Krankheiten, von prägenden Kindheitserfahrungen, von dem, was sich hinter Selbstzweifeln und bösen Träumen verbirgt.

Wenn Luther sagt, er »habe den Teufel mit Tinte vertrieben«, hat man das vielleicht zu wörtlich genommen und er meinte damit seine Übersetzung des Evangeliums, seine Entdeckung der Freiheit und Gnade.

Im dritten Jahrtausend sind Menschen aufgeklärt. Sie schicken Roboter zum Mars, kennen die wundersame Welt der Quarks und DNA, der Tablet-PCs und Smartphones. Wir wissen etwas von Mikroben und Tiefenpsychologie. Das Mittelalter mit seiner Geisterwelt und dem Bedrohlichen, Unerklärlichen haben wir hinter uns. Wir kennen Mark Zuckerberg und Stephen Hawking.

Wir können genau erklären, was bei einem Gewitter geschieht. Das lernen Kinder schon im Sachkundeunterricht in der Grundschule. Uns überrascht es nicht so, wie Martin Luther bei Stotternheim. Oder doch?

Und wenn die Welt voll Teufel wär
und wollt uns gar verschlingen,
so fürchten wir uns nicht so sehr,
es soll uns doch gelingen.
Der Fürst dieser Welt,
wie sau'r er sich stellt,
tut er uns doch nicht;
das macht, er ist gericht':
Ein Wörtlein kann ihn fällen.

Luther hatte es nicht immer leicht mit sich und dem Leben. Wenn er sehr traurig war, von seiner Schwermut lahmgelegt, dann ließ seine Käthe sich einiges einfallen, um ihn zu erheitern.

Wir sind aufgeklärt. Wir haben Blitzableiter und Off-Shore-Parks, wir lassen unsere Autos automatisch einparken und uns von einem Computer daran erinnern, wenn wir eine Pause brauchen. Trotzdem wissen wir etwas über dunkle Mächte in dieser Welt, über Stimmungen in uns, die uns Kraft und Lebenslust rauben.

Wir wissen etwas von Zeiten, in denen wir alles infrage stellen, in denen sich Abgründe auftun, die uns erschauern lassen. Wir wissen etwas von Menschen, die über Leichen gehen, denen nichts heilig ist.

Es gibt Mächte im Menschen, die stärker als er selbst sind. Es gibt das Böse in der Welt. Damals und heute. Ob das mit Luthers Tintenfass stimmt oder nicht – es gibt Momente, in denen ich nach allem werfen möchte, von dem zerstörerische Kräfte und Bedrohliches ausgehen.

50. Starke Frauen

»Intuition ist Intelligenz mit überhöhter Geschwindigkeit.« Die Intuition ist die große Stärke der Frauen. Sie haben eine feine Antenne, wenn es um Beziehungen geht, die ihnen am Herzen liegen. Sie ahnen, ob wir bei manchem, was wir als Fortschritt gefeiert haben, im Nachhinein sagen müssen: »Wie konnten wir nur so dumm sein? Was haben wir da angerichtet?«

Die Frau ist Gebärerin des Lebens. Sie versteht es, die Welt freundlicher und wohnlicher zu machen. Frauen mischen sich mit Zähigkeit und Charme ein, mit ihrer Stärke, die eine andere ist als die der Männer.

Im Alten Testament gibt es eine bekannte Geschichte (1. Könige 3,16-28) von zwei Frauen, die sich um ein Kind streiten. »Mein Kind lebt und dein Kind ist tot.« – »Nein, mein Kind lebt und dein Kind ist tot.« Der Streit kommt vor König Salomo, dem eine besondere Weisheit nachgesagt wurde. Er sagte: »Holt das Schwert. Jede Mutter bekommt eine Hälfte des Kindes.« Wir spüren es sogar beim Lesen: Die wirkliche Mutter kann das nicht ertragen. Lieber lässt sie der Konkurrentin ihr Kind. Frauen sind begabt für »salomonische Urteile« und diplomatisches Geschick.

Frauen von heute zeigen, was alles in ihnen steckt. Sie werden Ingenieurinnen und Managerinnen. Sie fliegen zum Mond und stellen in Studienfächern wie Medizin und Jura inzwischen die Mehrheit. Sie werden Kanzlerinnen und Bischöfinnen, sie stehen an der Spitze des Internationalen Währungsfonds.

Bislang stand hinter einem erfolgreichen Mann eine starke Frau. Wer steht hinter den starken Frauen? Frauen werden beim Einstellungsgespräch gefragt, wie sie Beruf und Familie vereinbaren wollen. Bei einem Mann fragt niemand.

Ich freue mich, wenn junge Paare sich für ein partnerschaftliches Modell in ihrer Beziehung entscheiden: beide berufstätig, beide verantwortlich für Kinder und Haushalt. Da gibt es Erfolgsstories, die kaum jemand für möglich gehalten hätte. Es gibt allerdings auch noch viel zu tun!

Die Welt kann die Frauen nicht entbehren,
selbst wenn die Männer allein die Kinder bekämen.

So viel Anerkennung der Frauen hätte ich bei Martin Luther gar nicht vermutet. Er konnte sich auch sehr herablassend äußern! Luther hatte eine starke Frau, die hinter ihm stand. Sie hat die Gäste bewirtet, Pflaumen getrocknet, Forellen und Karpfen zubereitet. Sie hat ihren Mann weinen hören und kannte seine schwachen Stunden. Martin Luther liebte die Rosen im Garten. Seine Frau brauchte den Garten für den Kohl und die Möhren und dafür, dass die Gänse und Hühner Auslauf hatten. »Gott hat es gut mit mir gemeint, dass er mir ein solches Weib gab, das für das Hauswesen sorgt.«

Vergessen wir nicht, dass die Luthers im späten Mittelalter lebten. Unsere Zeit ist anders. Frauen von heute kochen nicht nur Marmelade, während Männer die Welt gestalten.

Frauen sind Expertinnen, wenn es um Beziehungen geht. Mit viel Geschick pflegen sie ihre sozialen Netzwerke – bereits seit Jahrhunderten, als noch niemand an Facebook gedacht hatte.

Mein Mann sagt, wir seien neugierig. Ich finde das nicht. Wir haben lediglich ein vitales Interesse an dem, was um uns herum geschieht. Bei der neuen Stärke, die erwacht, wünsche ich mir, dass wir eines nicht verlieren, sondern entfalten: die Intuition, das Weibliche!

51. Das Schneeball-Prinzip

In dem beschaulichen Städtchen Bodenwerder an der Weser lebte Hieronymus Carl Friedrich Freiherr von Münchhausen, ein Adliger aus dem Fürstentum Braunschweig-Lüneburg. Bekannt geworden ist er als der »Lügenbaron«.

Er hat wunderbare Lügengeschichten erfunden, die wir als Kinder gerne gehört und gelesen haben. Da war die Geschichte, in der er sich selbst und sein Pferd an den Haaren aus dem Sumpf gezogen hat, oder die vom Ritt auf der Kanonenkugel. Was diese Geschichten amüsant und liebenswert macht: Wir wissen, dass sie nicht wahr sind.

In unserer Welt wird aus vielerlei Gründen viel gelogen: Wir haben Angst vor Strafe. Wir schämen uns. Wir möchten angeben oder die Anerkennung eines anderen nicht verlieren. Manchmal lügen wir auch aus Barmherzigkeit. »Mensch, du bist aber dick geworden« wäre die Wahrheit, aber die würde verletzen.

Männer schieben Überstunden vor – während sie ihre Zeit anders nutzen. Wir sagen einer besten Freundin nicht, dass wir mit einer anderen einkaufen und danach zum Essen waren. Manche Töchter verheimlichen ihren Müttern, dass sie ein paar Tage in Urlaub fahren, aus Angst vor Kritik. Das gibt es, selbst wenn die Töchter bereits 60 Jahre alt sind.

»Wer einmal lügt, dem glaubt man nicht, und wenn er auch die Wahrheit spricht.« Vertrauen ist ein sensibles Gut. Wir brauchen lange, um es aufzubauen, und können es schnell verlieren. Durch kleine Unaufrichtigkeiten, durch Verheimlichen oder wenn wir das eine sagen und etwas anderes leben. Wer schon mal erlebt hat, dass hinter seinem Rücken anders über ihn gesprochen wird als mit ihm direkt, der weiß, wie weh das tut. Je näher uns ein Mensch steht, je mehr er uns bedeutet, desto mehr wird es uns treffen.

Vertrauen ist etwas Wertvolles. Ohne Vertrauen können wir keine Ehe eingehen, keine Freundschaft pflegen, kein Flugzeug besteigen, uns nicht operieren lassen, keiner Friseurin unseren Kopf überlassen.

Es gibt auch Lebenslügen. Menschen machen sich selbst etwas vor, reden sich etwas schön, wollen bestimmte Dinge nicht sehen oder einsehen.

Sie haben sich nach ihren Vorstellungen eingerichtet und möchten nicht infrage gestellt werden. Männer sind zwölf Stunden in der Firma. Ihre Kinder sehen sie nur am Wochenende, für die Beziehung bleibt wenig Zeit und Kraft. Da ist von einem zu viel und vom anderen zu wenig. »Was soll ich machen? Wir brauchen das Geld, ich kann da nicht raus!« Wirklich nicht?

Manche Menschen zeigen nach außen ein Bild von sich selbst und ihrer Familie, das nicht der Wirklichkeit entspricht. Sie stellen etwas in leuchtenden Farben dar, was bei Licht besehen ganz anders aussieht. Sie haben einen Lebensstandard, den sie sich nicht leisten können. Immer dann, wenn das, was wir zeigen, nicht übereinstimmt, mit dem, was wir sind, dann kostet das Kraft, ganz viel Kraft!

Die Lüge ist wie ein Schneeball,
je länger man ihn wälzt,
desto größer wird er.

Alles fängt klein an – und wird immer größer. Was mit Flunkern und kleinen Heimlichkeiten beginnt, kaum der Rede wert ist, führt über Jahre zu einem Verlust an Vertrauen. Wenn wir uns etwas vormachen und schönreden, wird uns das irgendwann einholen. Achten wir mal darauf, warum wir lügen. Wir kommen uns dabei selbst auf die Spur und finden hoffentlich den Weg zum Echtsein und zur Klarheit.

52. Goldene Sätze

»Der Spruch des Tages«. Jeden Morgen freue ich mich darauf, wenn ich den elektronischen Briefkasten öffne. Ich finde eine Lebensweisheit kurz und knackig auf den Punkt gebracht, oft mit Humor gewürzt. »Genau so ist es«, denke ich. »Es könnte alles so einfach sein.« Manchmal bin ich derart begeistert von einem Satz, dass ich meine, er könnte mein Leben verändern. Dieser eine Satz, wenn ich ihn beherzigen würde! Er ist gehaltvoll wie ein Brühwürfel und will aufgelöst werden, um seinen Geschmack zu entfalten.

Ich hole jetzt mal ein paar Sprüche aus meiner Schatzkiste, hoffentlich haben Sie Freude daran:

»Man muss das Leben aus dem Holz schnitzen, das man zur Verfügung hat« (Theodor Storm).

»Viel Unglück wird durch Unausgesprochenes in diese Welt gebracht« (Fjodor Michailowitsch Dostojewski).

»Jeden, dem ich etwas beweisen will, nehme ich wichtiger als mich selbst« (Ute Lauterbach).

»Wer ist Optimist? Der sich die Schuhe anzieht, wenn der Redner sagt: Ich komme zum Schluss« (Autor unbekannt).

»Sei gütig! Denn alle Menschen, denen du begegnest, kämpfen einen schweren Kampf« (Plato).

Diese Sätze von Martin Luther bewahre ich auch in meiner Schatzkiste auf:

Es ist auf Erden kein besser List,
denn wer seiner Zunge Meister ist.
Viel wissen und wenig sagen,
nicht antworten auf alle Fragen.
Rede wenig und mach's wahr.
Was du borgst, bezahle bar.
Lass einen jeden sein, wie er ist,
so bleibst du auch wohl, wer du bist.

Seiner Zunge Meister sein. »Es stolpern mehr Menschen über ihre Zunge als über ihre Füße«, sagt man in Tunesien. Was wir gesagt haben, das lässt sich nicht wieder zurückholen. Und wir wissen: Worte haben eine große Macht. Sie können wohl- oder wehtun. Sie können einen Menschen aufblühen lassen oder kleinmachen. Manche Menschen können sich noch nach vielen Jahren an etwas erinnern, das jemand im Positiven oder im Negativen zu ihnen gesagt hatte. Es gibt Worte, die hinterlassen Spuren.

»Rede wenig und mach's wahr.« Wie oft habe ich etwas versprochen und mich dabei übernommen, ver-sprochen. Ich habe Erwartungen geweckt, die ich nicht erfüllen konnte. Lieber weniger versprechen, das aber umsetzen. Das ist ehrlicher!

Einen jeden sein lassen, wie er ist. Auch meinen Mann, meine Freundin, die Kinder. Sie alle haben ein Recht, so zu sein, wie sie sind. Machen wir uns kein Bild, wie sie sein sollen – und versuchen wir nicht, sie diesem Bild anzugleichen. Das geht schief, da sind Enttäuschungen vorprogrammiert. Ja, wir haben unsere Vorstellungen, wie ein anderer sein soll. Es ist aber nicht die Aufgabe des anderen, unseren Vorstellungen zu entsprechen.

Eine Frau kommt zu einem Heiratsvermittler und sagt: »Ich suche einen Mann, der nicht trinkt, der nicht raucht, der ordentlich ist und niemals anderen Frauen nachschaut. Haben Sie etwas für mich dabei?« – »Ja, im Stadtpark kann ich Ihnen etwas zeigen.« – »Aus Ihrem Angebot?« – »Nein«, sagt der Heiratsvermittler, »als Denkmal, aus Marmor!«

Es gibt viele goldene Sätze, die uns prägen können. »Es ist nicht genug, zu wissen, man muss anwenden; es ist nicht genug, zu wollen, man muss auch tun« (Johann Wolfgang von Goethe).

53. Die Kinder dieser Welt

Am Anfang des 16. Jahrhunderts, als Martin Luther in seinen Tischreden sagte: »Je mehr Kinder, umso größeres Glück«, lebten eine halbe Milliarde Menschen auf der Erde, um 1800 eine Milliarde Menschen, um 1960 drei Milliarden. Heute sind es über sieben Milliarden.

In Hannover, am Platz der Weltausstellung, gibt es eine Uhr, die anzeigt, wie sich die Bevölkerung entwickelt. Ein Zählwerk bewegt sich mit rasanter Geschwindigkeit, in jeder Sekunde kommen 2,6 Menschen dazu.

Für uns Deutsche könnte die Uhr es sehr viel ruhiger angehen lassen. Wir liegen mit unserer Geburtenquote im weltweiten, sogar im europäischen Vergleich weit hinten. Seit dem Babyboom in den 60er-Jahren ist die Lust auf Kinder zurückgegangen. Derzeit verzeichnen wir einen Negativrekord. Auffallend ist in der Statistik, dass Kinderlosigkeit in Familien – oder Beziehungen – mit hohem Bildungsgrad besonders stark ausgeprägt ist.

In den Entwicklungsländern, in denen Hunger und schwierige, teilweise dramatische Lebensbedingungen herrschen, steigt die Bevölkerung explosionsartig an. Die Frauen haben wenig Zugang zu Aufklärung und Familienplanung, sie können ihren Kindern nicht schenken, was sich jede Mutter im Herzen für ihr Kind wünscht: genug zu essen und zu trinken, ein Zuhause, Bildung, Geborgenheit, Frieden und Lebenschancen.

Die Weltbevölkerungsuhr macht für eines der größten Probleme auf unserer Erde sensibel: Wie erreichen wir das Millenniumsziel, bis 2015 die Zahl der Hungernden zu halbieren? Wie können wir Bedingungen schaffen, damit alle Kinder dieser Welt eine lohnende Zukunft haben? Es war bewegend, als Michael Jackson und Lionel Richie 1985 zusammen mit vielen bekannten Künstlern das Lied »We are the world« gesungen haben. Der Erlös ging nach Äthiopien. Dieses Bewusstsein – »We are the world«, wir sitzen alle in einem Boot, wir brauchen eine gerechte Verteilung der Güter dieser Erde – ist wichtiger denn je.

Gestern kam ein Brief von Jasmith Kaur aus Mumbai in Indien. Sie ist unser Patenkind. Ihr Vater ist Änderungsschneider, ihre Mutter ist gelernte Schnittdirektrice und Hausfrau. Gemeinsam haben die Eltern von Jasmith ein monatliches Einkommen von 60 Euro. Wir unterstützen sie mit 26 Euro im Monat. Das ist ein Tropfen auf den heißen Stein. Aber wenn wir lesen, dass von dem Geld ein Hörgerät für Jasmith angeschafft werden konnte, dass es hilft, den Schulbesuch mitzufinanzieren, dann wird schon mit einem kleinen, klitzekleinen Beitrag eine Geste der Verbundenheit möglich.

Mit jedem Kind, das dir begegnet,
ertappst du Gott auf frischer Tat.

Kinder sind ein Geschenk. Aus Liebe sind sie geboren, »ex amore«.

Gott hat Freude am Menschen. Wenn wir ein Kind schlafen sehen, geht uns das Herz auf. An etwas Größerem können wir nicht mitwirken, als Kinder in diese Welt hineinzulieben. – Und wenn es Enkelkinder sind, dann lernen wir selbst im reifen Alter, noch einmal zu staunen und das Kind in uns selbst zu entdecken. Wenn ich mit den Jungs Fußball spiele und um die Wette laufe, geht die Post ab. Was sind die Pyramiden von Gizeh, die hängenden Gärten der Semiramis, das Kolosseum in Rom oder das Tadsch Mahal gegen ein Kind!

Sie sind uns ans Herz gelegt, die Kinder dieser Welt.

54. Das Bier riecht nach dem Fass

Die Beziehung zwischen Töchtern und ihren Müttern ist ein spannendes Thema. Die Mutter prägt uns fürs Leben, bewusst und unbewusst.

Was hat sie uns an Mut und Ängstlichkeit, an Manieren und Unarten, an Unruhe und Geborgenheit, an Stärke und Gefühlen der Minderwertigkeit ins Herz gepflanzt? Wie hat sie uns die Welt vorgestellt? Haben wir gelernt, unsere Meinung zu sagen – oder sind wir an ihrer Seite verstummt? Hat sie uns Wärme gegeben oder war sie sparsam mit Zuwendung und Herzlichkeit? Haben wir Anerkennung und Lob erfahren oder viel Geschimpfe und Kritik gehört?

Es ist erstaunlich, was wir von unseren Müttern in uns tragen. Ob wir uns als Aschenputtel fühlen oder als Prinzessin, ob wir uns unseres Wertes bewusst sind oder ständig an uns zweifeln.

Ich kenne Frauen, die ein inniges Verhältnis zu ihrer Mutter haben. Sie haben viel Liebe bekommen. Und ich kenne andere, die sich später Freundinnen und »Ersatzmütter« suchen, die ihnen endlich das geben, was sie als Mädchen an Nähe, Zärtlichkeit und Bewunderung vermisst haben.

Die Mutter ist unser Lebemuster. Wir schauen hin, wie sie mit anderen Menschen umgeht, wie sie Konflikte löst. Wir beobachten, wie sie mit Enttäuschungen fertigwird, welche Musik sie hört, wie sie die Wohnung einrichtet und wie sie sich kleidet. Wir nehmen wahr, ob sie viel lacht oder eher traurig ist, ob sie singt und tanzt – oder wenig Lebendigkeit in sich trägt. Wir nehmen wahr, wie sie über Gott und die Welt denkt, wie sie kocht, was sie liest, wie weit ihr Horizont ist, wie sie mit Stress umgeht, ob sie zufrieden ist oder nörgelt, ob sie diplomatisch ist oder mit großer Treffsicherheit in Fettnäpfchen tritt. Wir vernehmen, wie Mutter mit alten Menschen und dem eigenen Altwerden umgeht, ob sie ein positives oder negatives Männerbild hat.

Was da alles zusammenkommt! Bei so viel Verantwortung kann Mutter eine Menge falsch machen.

Wir haben eine Tochter, die als Pädagogin über ein fundiertes Wissen verfügt, was die Prägungen in der Kindheit angeht. Sie kann analysieren, was gut war und was ich hätte besser machen können. Wie erlösend, ja fast wie die Verleihung eines Bundesverdienstkreuzes, war der Moment, als sie sagte: »Unterm Strich hast du alles ganz gut gemacht!« – Ja, es hätte schlimmer kommen können.

Mütter haben Geschichten im Gepäck, Geschichten mit ihren Müttern und mit Lebensumständen, die sie geprägt haben. Sie haben das Beste gegeben. Und hoffentlich werden wir eines Tages mit unseren Müttern milde sein und als erwachsene Frauen Verantwortung für unser Leben übernehmen.

»Du bist nicht verantwortlich für das, was andere mit dir gemacht haben. Aber du bist für das verantwortlich, was du aus dem machst, was andere mit dir gemacht haben.« Das ist ein ganz kluger Satz aus dem Munde einer Lebensberaterin.

Martin Luther hat etwas gesagt, das zu vielen Beobachtungen einlädt, bei uns selbst und um uns herum:

Wenn man heiraten will,
soll man nicht nach dem Vater,
sondern nach dem Ruf der Mutter
des jungen Mädchens fragen.
Weil das Bier im Allgemeinen nach dem Fass riecht.

Das Bier riecht nach dem Fass! Ein schöner und treffender Vergleich. »Der Apfel fällt nicht weit vom Stamm«, sagen wir im Schaumburger Land. Sogar wie wir später aussehen werden, lässt sich an unserer Mutter erahnen. Na denn.

55. ... auf dass wir klug werden

Sie wusste, dass sie bald sterben würde. Es hat mich zutiefst berührt, wie sie damit umgegangen ist. Jeden Tag hat sie als Geschenk gesehen, hat die Zeit mit ihrem Mann intensiv genossen, hat sich von Freunden bewusst verabschiedet, soweit das möglich war. Sie hat sich an den Blumen, an ihrem Haus und Garten erfreut.

Die Lieder für die Trauerfeier hat sie selbst ausgesucht und das Kleid für ihre letzte Reise. Alles hatte sie vorbereitet, den Platz, an dem sie liegen wollte auf dem Friedhof, und das Lokal, in dem Kaffee getrunken werden sollte.

Was möchte ich anziehen, wenn es so weit ist? Auf jeden Fall etwas in Blau, weil mir das besonders gut steht. Die Adressen der Menschen, die benachrichtigt werden sollen, möchte ich vorbereitet haben. Legt mir den kleinen Engel mit in den Sarg, den einer dem anderen in die Hand gedrückt hat in unserem Gesprächskreis, als wir uns die schönen und traurigen Geschichten unseres Lebens erzählt haben. Denen, die mich vermissen, möchte ich sagen, dass ich vorausfahre, dahin, wo wir uns über kurz oder lang zum großen Fest wiedersehen werden. Ich bereite alles vor und mache es schön für euch.

Wenn es möglich ist, spielt mir das Lied »Somewhere over the rainbow«. Ich bin sicher: Der Traum, mit dem ich gelebt habe, wird wahr. Probleme schmelzen weg, es ist vollendet, was ich nicht vollenden konnte. Und dann singen wir: »Und bis wir uns wiedersehn, möge Gott seine schützende Hand über dir halten.«

Hoffentlich ist noch viel Zeit bis dahin. Aber es ist gut, es ist klug, wenn wir uns bewusst sind, dass wir nur für kurze Zeit zu Gast auf diesem schönen Planeten sind.

Im Sermon von der Bereitung zum Sterben weist Martin Luther auf zwei ganz wesentliche Dinge hin:

»Erstens soll man sein Hab und Gut so ordnen, dass es möglichst keinen Hader und Streit bei den Hinterbliebenen gibt.

Zweitens soll man rechtzeitig allen vergeben und sie um Vergebung bitten, damit die Seele Frieden findet.«

Martin Luther kann als Theologe tröstende Worte finden von Gottes Liebe, die über den Tod hinausreicht. Aber schwer werden er und seine Katharina getroffen, als ihre kleine Elisabeth stirbt.

Gestorben ist mein Töchterlein Elisabeth.
Es ist seltsam, welch trauriges,
fast weibisches Herz sie in mir hinterlassen hat,
so bewegt mich der Jammer über sie.
Nie zuvor habe ich geglaubt,
dass die väterlichen Herzen bei ihren Kindern
so weich werden.

Luther sieht den Tod als Heimkehr zu Gott. Als jemand, der sich gut einfühlen kann, schreibt er viele Briefe, um Menschen in ihrer Traurigkeit zu trösten. Aber der Tod seiner kleinen Elisabeth bricht ihm fast das Herz.

Wenn wir Kondolenzbriefe schreiben, ist es gut, beides zum Ausdruck zu bringen: das Einfühlen in den großen Schmerz und die Hoffnung, aus der wir leben.

Es wird gestorben in dieser Welt, trotz Hightechmedizin, obwohl unsere Gesellschaft den Tod gern verdrängt. Lassen Sie uns darüber reden. Es lebt sich leichter, wenn wir das Ende bedacht haben.

Wenn es gut geht, dann lehrt uns der Tod die Kunst des Lebens, jeden Tag auszukosten, Begegnungen intensiver wahrzunehmen, sich trotz vieler Arbeit ein Picknick in der Sonne zu gönnen, die Nähe Gottes zu suchen.

56. Die Freude ist der Doktorhut des Glaubens

Es gibt Leute, die können eine Stunde lang mit der gleichen Begeisterung über die Freude reden, als würden sie die Gleichungen des Pythagoras oder die Kommentare zum Steuerrecht verhandeln. – Die Freude spielt sich nicht im Kopf ab. Sie will gespürt werden, mit allen Sinnen.

Martin Luther hat das gewusst. Er hat ein Lied über die Freude des Christenmenschen geschrieben – zu einer Melodie, die damals ein »Gassenhauer« war.

Das Lied prägte sich schnell ein, die Menschen haben getanzt und gesungen und waren fröhlich. Mit großer Geschwindigkeit verbreiteten sich die wichtigsten Sätze dessen, was Luther erkannt hatte. Singend! Alle sollten verstehen, worum es im Evangelium geht: der Kurfürst, die Ratsherren, der Maler Lucas Cranach, der Schuster, die Magd und der Bäcker. Die Menschen hatten seinerzeit nicht viel zu lachen, aber wenn sie das neue Lied sangen, dann strahlten sie: im Garten, in den Werkstätten, auf dem Markt und in der Kirche.

Nun freut euch, lieben Christen g'mein,
und lasst uns fröhlich springen,
dass wir getrost und all in ein
mit Lust und Liebe singen,
was Gott an uns gewendet hat
und seine süße Wundertat;
gar teu'r hat er's erworben.

Eine ansteckende Freude machte sich breit. »Leute, habt ihr es schon gehört? Wir sind wertvoll vor Gott! Wir müssen keine Ablassbriefe mehr kaufen. Wir sind frei!«

Singend hat sich das Evangelium eingeprägt. »In manche Wahrheiten kann man sich nicht reindenken, da muss man sich reinsingen«, so habe ich es in einer Predigt gehört. Das Lied hat Luthers Worten Flügel verliehen. In der siebten Strophe heißt es: »Ich bin dein und du bist mein, und wo ich bleib, da sollst du sein, uns soll der Feind nicht scheiden.« Alle haben verstanden, was gemeint war: Junge und Alte, Kranke und Gesunde, alle, die lesen konnten, und die, die nicht lesen konnten … So nah kommt uns Gott in Jesus Christus.

Martin Luther spricht von der Freude als »Doktorhut des Glaubens«. Wir haben Grund zur Freude, davon ist er überzeugt. Gott geht mit auf den Wegen, die wir zu gehen haben. Vom großen Schalom kann bereits jetzt etwas aufblitzen. Sein Geist kann unser Leben verändern.

Das, was Luther erkannt hat, das kann man einem Menschen nicht erklären. Es ist das Geheimnis, aus dem er gelebt hat.

Was ist passiert, dass dieser Freude in unserer Kirche die Flügel lahm geworden sind? Warum gehen wir betrübt und gedankenschwer durchs Leben, als müssten wir wie der Riese Atlas die Last der ganzen Welt auf unseren Schultern tragen? Fehlt uns das Erlebnis von Freiheit und Gnade?

Martin Luther war nicht immer heiter, mit einem Lied auf den Lippen. Er kannte mehr düstere Stunden, als ihm lieb war. Es gab Tage, an denen er sich gequält hat. Er wusste: Der Glaube schützt nicht vor Leid und Scheitern. Aber er hat sich in die Freude, die unabhängig von dem, wie es in uns und um uns herum aussieht, eingesungen. Eine Freude, die bei Gott ihren Ursprung hat.

Und wir? Am besten wird sein, wenn wir klein anfangen. Jeden Tag suchen wir eine Freude und jeden Tag versuchen wir, jemandem eine Freude zu bereiten. Über Freude reden, macht nicht reich. Freude will erfahren und gespürt werden.

57. Ein Backofen voller Liebe

Etwas Warmes braucht der Mensch. Wenn es draußen kalt ist, dann freuen wir uns auf eine heiße Suppe, eine kuschelige Decke, einen Platz am Kachelofen oder den beheizten Autositz. Wärme tut gut.

Wenn jemand sagt: »Mir ist kalt!«, dann liegt die Ursache dafür nicht immer an den niedrigen Temperaturen. Wir können auch innerlich frieren. Eine Freundin hat einige Wochen lang ihre kranke Mutter gepflegt. In dieser Zeit hatte sie fast jeden Abend das Bedürfnis, in die Badewanne zu steigen. Sie sehnte sich nach Wärme, Geborgenheit und Entspannung. Was sie Tag für Tag leisten musste, ging über ihre emotionalen Kräfte.

»Mir ist kalt!« In der Nähe mancher Menschen haben wir das Gefühl, im Kühlschrank zu sitzen. Von ihnen geht keine Wärme aus. Wir werden nicht warm mit ihnen.

In unserer Gesellschaft breitet sich Kälte aus. Alte Menschen bekommen pflegerische Zuwendungen, die im Minutentakt bemessen werden. Märkte bestimmen die Arbeitswelt. Immer mehr soll in immer weniger Zeit bewältigt werden. Wer nicht mithalten kann, muss gehen. Der Druck »von oben« hat einen Konkurrenzkampf an der Basis zur Folge. Jeder ist sich selbst der Nächste, muss sehen, dass er seine Schäfchen ins Trockene bringt.

Viele sind ausgebrannt, leer. Und dann? Sie suchen Verständnis und Wärme, »Auftau-Fix« für ihre Seele. Wo sind gute Freunde, die sie an ihren Wert und an die Schönheit des Lebens erinnern?

Gott ist wie ein glühender Backofen voller Liebe,
der von der Erde bis zum Himmel reicht.

Gott gibt uns Liebe, die vom Himmel bis zur Erde reicht. Eine großartige Vorstellung! Alles hat Platz in seinem Backofen voller Liebe. Alles, was Menschen schaffen und was sie nicht schaffen.

Ich, so, wie ich bin, und auch die, an denen ich mich wund reibe. Alles, was gelungen und was danebengegangen ist. Unsere Vorfahren und Nachkommen, unsere Vitalität und unsere Schwäche, unsere Liebe und die vielen unschönen Dinge, die uns an der Liebe hindern.

Ich möchte mich an dem Backofen voller Liebe, an Gott, dem großen Liebhaber des Lebens, freuen. Wir wärmen uns auf. Uns wird warm ums Herz – und wenn wir uns gewärmt haben, dann können wir Wärme an die weitergeben, denen kalt ist. Stellen Sie sich vor, jemand würde über Sie sagen: »Von ihr ging viel Warmes aus. Sie war wie ein wandelnder Kachelofen.«

In Rom gibt es im Stadtteil Trastevere die Kirche Santa Maria. Dort ist die im Jahre 1967 gegründete Gemeinschaft Sant'Egidio beheimatet, die sich um die Ärmsten der Stadt kümmert. Seit 1982 werden am Heiligen Abend die Bänke aus der Kirche geräumt, um Platz für Tische und Stühle zu schaffen. Obdachlose, Bettler und Straßenkinder werden zu einem Festmahl eingeladen. Die Mitglieder des Ordens kochen für ihre Gäste, bewirten sie mit großer Herzlichkeit und setzen sich zu ihnen.

Menschen, die Wärme und Liebe bei Gott empfangen haben, möchten etwas von ihrer Wärme an die abgeben, die auf den Wegen ihres Lebens unter großer Kälte leiden.

»Gott ist wie ein glühender Backofen voller Liebe.« Diese Liebe hält sich nicht aus dem Leid der Welt heraus. Sie geht genau dorthin, wo viel Liebe und Wärme gebraucht werden.

Wen könnten wir heute zu einer warmen Suppe einladen?

58. Dem Volk aufs Maul schauen

»Nach außen zeige ich mich immer fröhlich und stark, als könne mich nichts umwerfen. Wenn du wüsstest, wie mir manchmal zumute ist, wie oft ich in stillen Stunden weine.« – Es sind oft kleine Begegnungen im Alltag, in denen uns Menschen einen Einblick in ihr Innerstes gewähren.

Hören wir hin, womit sie sich beschäftigen, was sie uns zwischen den Worten mitteilen? Es geht um das Knie mit der Arthrose, um das Kind, das große Sorgen bereitet. Es geht um den jungen Mann in der Nachbarschaft, dem das Leben zu schwer geworden war. Es geht um zwei nette Menschen, die es zusammen nicht mehr aushalten. Es geht um ein Buch, einen Film, die letzte »Visite«-Sendung, um den Garten, den Feldenkrais-Kurs und die Kur.

Gespräche beim Bäcker und bei der Sparkasse, beim Friseur und auf dem Wochenmarkt, beim Elternsprechtag, im Wartezimmer eines Arztes und auf dem Friedhof sind wertvoll. Es geht um das pralle Leben, um Weltbilder, Gefühle, Träume und Enttäuschungen.

> Man muss die Mutter im Hause,
> die Kinder auf der Gassen,
> den gemeinen Mann auf dem Markt darum fragen
> und denselbigen aufs Maul sehen,
> wie sie reden,
> und darnach dolmetschen;
> da verstehen sie es denn und merken,
> dass man deutsch mit ihnen redet.

Martin Luther hat zuerst das Neue Testament aus dem Altgriechischen ins Deutsche übersetzt, später das Alte Testament aus dem Althebräischen. Ihm war es wichtig, eine Sprache zu finden, die die Menschen verstanden, die in ihnen etwas berührte. Er wollte das Evangelium von der Liebe Gottes in das Leben der Menschen hineinbuchstabieren. Er schaute genau hin, welches die Themen der Zeit und des Alltags waren, womit sich die Menschen quälten, was ihnen Angst machte, was an kleinen und großen Nickeligkeiten im Umlauf war. Er kannte das Menschliche und Unmenschliche um sich herum.

Luther war ein hochgebildeter Theologe. Niemals war er nachlässig, wenn es um die Schärfe und Klarheit von Gottes Wort ging. Es lag ihm völlig fern, den Leuten nach dem Mund zu reden – aber die Liebe zu den Menschen hat ihn getrieben, das Evangelium so zu übersetzen, dass es ihren Kopf und ihr Herz erreichen konnte. Er hat griffige Formulierungen gewählt, bei denen Menschen neugierig wurden und sich angesprochen fühlten.

Es hat mich sehr berührt, als ein befreundeter Pastor vor vielen Jahren erzählte, wie er bei einem Gottesdienst im Gefängnis junge Männer mit einem Lied erreicht hat. Er hatte seine Gitarre genommen und das Lied »Deine Einsamkeit« von Udo Jürgens gesungen. Ich kann mir vorstellen, wie sie dagesessen hatten, mit verschränkten Armen und der Haltung: »Na, was wird das denn hier?« Doch später haben sie geweint. – Welche Geschichten und Lieder berühren Menschen?

»Eine Klatschbase erzählt dir von anderen, ein Langweiler spricht nur über sich selbst und ein brillanter Redner redet mit dir über dich.« Dieser Satz der amerikanischen Sängerin Liza Kirk begleitet mich seit einigen Jahren.

Martin Luther wollte mit den Menschen über ihr Leben sprechen – und über Gott, der in ihr Leben kommen möchte. Das war der Anspruch seiner Predigt: Studiert die Bibel und hört hin, was die Menschen beschäftigt, wie es in ihren Köpfen und ihren Häusern aussieht. Ihr werdet ihnen viel zu sagen haben.

59. Die Größe eines Menschen zeigt sich darin, wie er mit kleinen Leuten umgeht

Wir saßen in einem feinen Restaurant. Der Kellnerin war ein Messer heruntergefallen. Sie erntete den Kommentar: »Na, erstes Lehrjahr?«

»Sage mir, wie du mit den kleinen Leuten umgehst, und ich sage dir ...« Nein, den Satz werde ich nicht beenden.

Aber es lohnt, einmal hinzuschauen, wie ein Chefarzt mit der Putzfrau umgeht, mit den Privat- und den Kassenpatienten.

Ich war bei einem spannenden Vortrag mit einem bedeutenden Redner. Als ich zur Toilette gegangen bin, habe ich vom Erlebten geschwärmt und die Servicefrau gefragt, ob sie über die Lautsprecher auch etwas mithören konnte. »Ja«, sagte sie, »theoretisch schon, aber um ehrlich zu sein: Ich beurteile Redner nach dem, wie sie mit uns umgehen – dann weiß ich, bei wem sich das Zuhören lohnt und bei wem nicht.« Diese Botschaft habe ich verstanden – und egal, ob wir bedeutend sind oder »normal«, wir werden von den Menschen sehr genau wahrgenommen bei dem, was wir tun und nicht tun, was wir sagen und nicht sagen – wie wir mit den kleinen und großen Dinge des Lebens umgehen.

Christian Morgenstern hat dazu ein Gedicht geschrieben: »Wie oft wirst du gesehen aus stillen Fenstern, von denen du nichts weißt ...«

Eine Bekannte, die ich sehr schätze, die ich als »Frau von Welt« bezeichnen würde, hat eine besondere Antenne zu den sogenannten »kleinen Leuten«. Für jeden hat sie ein gutes Wort. Mit viel Verständnis spricht sie über die, die es schwer haben – und über solche, die gewiss aus ihrer Haut raus möchten, aber nicht können. Sie versteht es, trotz ihrer Größe auf »Augenhöhe« mit den Menschen zu gehen. Sie kann Herzen aufschließen und dem anderen das Gefühl geben: Du bist mir wichtig! – Ich kenne auch das Gegenteil: intelligente Menschen, die sich lustig machen über solche, die in ihrer Bildung und ihrem Lebensstil etwas schlicht sind.

Wer regiert,
soll nicht denken:
Land und Leute sind mein.
Ich will machen, wie es mir gefällt.
Sondern so:
Ich gehöre dem Land und den Leuten.
Ich soll es machen, wie es ihnen nützlich und wohl ist.

Friedrich der Große (1712–1786) war König von Preußen und zählt zu den bedeutendsten Persönlichkeiten der deutschen Geschichte. Er nannte sich selbst den »ersten Diener des Staates«. Unser Wort »Minister« kommt aus dem Lateinischen »minister«, das heißt »Diener, Gehilfe«.

Menschen sind gerne groß, das liegt wohl in uns drin. Und was ist passiert:

Der große Gott macht sich klein und kommt vom Himmel auf die Erde. Jesus Christus hat sich eine Schürze umgebunden und seinen Freunden die Füße gewaschen. Der Gottessohn hat sich zum Diener gemacht.

Ich will mich nicht über Menschen erhaben fühlen. Das, was einer heute zu tragen und zu ertragen hat, könnte mich selbst morgen treffen. Früher haben die »anständigen« Leute in einem Dorf gelästert, wenn die Ehe von Nachbars Kindern gescheitert ist. Heute sind sie vorsichtiger geworden. Wer sich für etwas Besseres hält, der braucht wohl noch einige Erfahrungen zum Klugwerden.

»Sage mir, wie du mit den kleinen Leuten umgehst, und ich sage dir, welches Menschenbild du hast.«

60. Gottesbilder

Martin Luther wurde am 10. November 1483 geboren. Es war die Zeit von Albrecht Dürer, Lucas Cranach, Michelangelo und Christoph Kolumbus. In Rom wurde die Sixtinische Kapelle gebaut, der Buchdruck verbreitete sich in Europa, die Fugger handelten in Antwerpen, Venedig, London und Mailand.

Wegen der hohen Kindersterblichkeit war es üblich, die Neugeborenen kurz nach ihrer Geburt zu taufen. So bekam Martin seinen Namen vom Heiligen des Tages darauf. Das war Martin von Tours, der berühmte Bischof, der seinen Mantel mit einem Armen geteilt hat, dem wir auch die Tradition der Martinsgans verdanken.

Martin Luther hatte einen strengen, zum Jähzorn neigenden Vater. Wahrscheinlich hat er oft den Stock zu spüren bekommen und wenig Zuwendung erhalten. »Ich bin nicht gut genug. Ich kann es dem Vater nicht recht machen.« Das hat sich festgesetzt in der Kindheit. Wir wissen heute, dass die Erfahrungen mit dem Vater unsere Vorstellungen von Gott prägen.

Martin Luther lebte zwischen Mittelalter und Neuzeit. Gott war der Allmächtige, der Garant der kosmischen Ordnung, der jeden straft, der sich an dieser Ordnung vergreift. In unserer romanischen Dorfkirche ist Christus als Weltenrichter in der Mandorla, einem mandelförmigen Lichtschein, dargestellt. In seinen Händen sind eine Lilie und ein Schwert zu sehen. Die Lilie steht für die Reinheit, das Schwert für den Richter.

Wir haben unsere Bilder von Gott. Für viele ist er der »gute alte Herr«, weitab vom wirklichen Leben. Für andere ist er ein »Spielverderber«, der alles, was Spaß macht, verbietet. Einige sehen ihn als »Buchhalter«, der alles notiert, was wir falsch machen, und uns irgendwann die Rechnung präsentiert. Ganz beliebt ist heute der »Patchwork-Gott«. Er vereint das ewige Sein, ein bisschen Meditation, ein bisschen Psychologie und ein paar Edelsteine. Wir basteln uns unseren Gott.

»Ich möchte so 'n bisschen was mit dem ›lieben Gott‹ bei der Hochzeit.« Später wundern wir uns, dass der »liebe Gott« nicht trägt, wenn's im Leben hart kommt. Manche leidvollen Erfahrungen bleiben uns nicht erspart.

Kirchenvater Augustinus hat am Strand ein Kind beobachtet, wie es mit seinem kleinen Eimer Wasser aus dem Meer geholt hat. »Was machst du da?« – »Ich fülle das Meer in meinen Burggraben.« So ähnlich ist das wohl, wenn wir Menschen uns Bilder von Gott machen. Er ist nicht zu fassen! Gott ist der Heilige und kommt uns nah. Er ist der Gerechte und begegnet uns mit Gnade. Er ist der Verborgene und trotzdem überall dabei. Er ist der Ohnmächtige und verändert die Welt.

Gute Werke
machen einen Menschen nicht gut,
aber ein guter Mensch
tut gute Werke.

Martin Luther hat eine Erfahrung gemacht, die sein Leben verändert hat. Gott verlässt den Himmel, um nah bei den Menschen zu sein. Angst war gestern, heute bin ich auf dem Weg ins Vertrauen.

Gestern habe ich gedacht, ich muss mir Treuepunkte verdienen, um geliebt zu werden. Heute weiß ich: Ich bin geliebt und kann jetzt in großer Freiheit durchs Leben gehen. Ich kann Menschen viel Gutes geben, weil ich beschenkt bin. Ich kann entfalten, was in mir steckt. Martin Luther war ein Vater voller Zärtlichkeit und Güte. Er ist liebevoll mit seinen Kindern umgegangen, so, wie es seinem neuen Bild von Gott entsprach.

61. Sprachkultur

Innerhalb von elf Wochen hat Martin Luther das Neue Testament vom Griechischen ins Deutsche übersetzt. Das war eine Meisterleistung! Ein Chronist aus Magdeburg schrieb später: »Er hat die Biblia also wohl verdeutschet, dass einem, so darinne lieset, sein Herz im Leibe mochte vor Freude springen.«

In der Tat, Luther hat eine lebensnahe und bildhafte Sprache gefunden – Gottes Wort hatte durch ihn eine bessere Chance, Menschen zu berühren. Es ist erstaunlich, wie viele Ausdrücke auf den Reformator zurückgehen: Herzenslust, ohne Ansehen der Person, Lästermaul, die Zähne zusammenbeißen, Perlen vor die Säue werfen, Gewissensbisse, ein Herz und eine Seele sein.

In den Schulen wurde mit der Lutherbibel Lesen und Schreiben gelernt. In Schönschrift wurden wertvolle Texte abgeschrieben und auswendig gelernt.

Es war Luthers Verdienst, eine einheitliche deutsche Sprache zu schaffen, von der Nordsee bis zu den Alpen. Vorher gab es viele Mundarten, nun entwickelte sich auf Grundlage der kursächsischen Kanzleisprache eine Sprache für alle. Goethe war der Meinung, die Deutschen seien durch Luthers Sprache geeint worden. Das sind große Worte von einem ganz Großen, der sich gerne von Luthers Sprach- und Bilderwelt inspirieren ließ.

Als »Lutheraner« steht es uns gut an, auch heute eine verständliche Sprache für Gottes Wort zu finden – eine Sprache, die Herzen erreicht, die das Leben des Hier und Heute aufnimmt, ohne das Evangelium zu verwässern.

Die Sprache ist das, was Menschen verbindet. Es gehört mit zum Wertvollsten unseres Lebens, wenn wir in unserer Nähe den einen oder anderen haben, der sich gut ausdrücken kann, dessen Worte aus dem Herzen kommen und deshalb auch Herzen erreichen.

Unübertroffen ist Luthers Übersetzung des 23. Psalms, der für viele Menschen zum persönlichen Glaubensschatz gehört:

Der Herr ist mein Hirte,
mir wird nichts mangeln.
Er weidet mich auf einer grünen Aue
und führet mich zum frischen Wasser.
Er erquicket meine Seele;
er führet mich auf rechter Straße um seines Namens willen.
Und ob ich schon wanderte im finstern Tal,
fürchte ich kein Unglück;
denn du bist bei mir,
dein Stecken und Stab trösten mich.
Du bereitest vor mir einen Tisch
im Angesicht meiner Feinde.
Du salbest mein Haupt mit Öl
und schenkest mir voll ein.
Gutes und Barmherzigkeit werden mir folgen mein Leben lang,
und ich werde bleiben im Hause des Herrn immerdar.

Mit einigen Tischtennisfreundinnen hatten wir uns über »Doodle«
zu einem Essen verabredet. Wie abenteuerlich doch diese Welt mit
»doodlen«, »twittern«, »skypen« und »posten« ist. Aber wir waren
uns einig: Gemeinsam wie früher am Tisch zu sitzen und miteinander über Gott und die Welt zu reden, ist allemal schöner.

Eine Landfrau sagte: »Ich spreche drei Sprachen: Hochdeutsch,
Plattdeutsch und über andere.« – Wir haben herrlich gelacht und
wussten alle, dass miteinander reden allemal besser ist als übereinander zu reden. Ich wünsche mir sehr, dass wir eine Sprache für
das, was uns bewegt, finden. Für die Erde und den Himmel, für
das, was wir erlebt und daraus gelernt haben. Für die Freundschaft
und die Angst. Für unsere Sehnsucht und unser Scheitern. Ich
wünsche mir, dass wir eine Sprache für das Staunen finden, für
die Poesie und für das Zarte.

62. Gott und Reinhard sei Dank

Die Stimmung am Strand von Pag in Kroatien ist gut. Wir plaudern, bauen Sandburgen, spielen mit dem Ball und lassen Drachen steigen. Ein Junge sitzt im Schlauchboot. Er paddelt und träumt vor sich hin. Keiner hat's gemerkt, er nicht und wir auch nicht: Auf einmal ist der Junge, unser Junge, weit draußen auf dem Meer. Viel zu weit, um hinterherschwimmen zu können. Wenn der Wind ungünstig ist, was dann?

Wir setzen Gott und die Welt in Bewegung. Gott durch unsere Gebete und die Welt dadurch, dass wir einen suchen, der ein Motorboot am Anleger hat. Jetzt ist kein Platz für falsche Bescheidenheit! Der Mann mit dem Boot lässt alles Stehen und Liegen, fährt los und holt den Jungen zurück. Gott und Reinhard sei Dank!

Martin Luther hat gesagt, wir sollen so viel beten, als ob alles arbeiten nichts nützt, und so viel arbeiten, als ob alles beten nichts nützt. Um diese Spannung geht es.

Kein Problem in dieser Welt wird dadurch gelöst, dass Menschen die Hände in den Schoß legen und darauf warten, dass Gott sich darum kümmert und ein Wunder vom Himmel schickt. »Der Papa wird's schon richten.«

Wenn wir sehen, dass Hilfe gebraucht wird, wollen wir gehen und tun, was wir als richtig und wichtig erkannt haben. Das Kleine, das wir geben können, ist mehr als alle klugen Worte. Und wenn wir getan haben, was in unseren Möglichkeiten liegt, dann werden wir uns wundern, wie viel Segen fließt. Mir ist das damals in Kroatien noch einmal wichtig geworden.

Uns ist kein Schönwetterleben versprochen mit immerwährender glatter See, Sonnenuntergängen zum Träumen, romantischer Musik für Klavier und Flöte im Hintergrund – alles unter einem irischen Reisesegen, der die Seele berührt. Es gibt auch Stürme im Leben. Zeiten, in denen der Boden unter unseren Füßen bedrohlich wackelt.

Dann will ich beten, als ob nichts anderes helfen kann – und gleichzeitig werde ich Hilfe suchen: bei einer Freundin, beim Psychotherapeuten, beim Seelsorger, beim Hausarzt, bei der Osteopathin oder wo auch immer.

Wo Not ist, da lassen Sie uns Suppe kochen, Geld lockermachen, Sandsäcke füllen, Zeit und Liebe investieren, uns die Ohren heiß telefonieren.

Wo Gott nicht mit im Schiff ist,
fährt man niemals gut.

In der Bibel steht die Geschichte vom brennenden Dornbusch (2. Mose 3,1-15). Gott stellt sich Mose vor als »Ich werde sein«. Ich bin da, wohin du auch kommst, was immer geschieht.

Wenn Gott mit im Boot sitzt, dann fahren wir gut. Auf den Wegen unseres Lebens wird er sich als der »Ich werde sein« zu erkennen geben. Es ist wie mit dem Radfahren: das lernen wir nicht aus Büchern oder durch einen Videoclip auf Youtube. Wir müssen eigene wackelige Erfahrungen machen, bis wir Sicherheit bekommen. Klavierspielen lernt man nicht vom Hörensagen, an den ersten unbeholfenen Fingerübungen kommt keiner vorbei.

Als Luther 1530 auf dem Reichstag in Worms stand, konnte er den Reichsherren mutig entgegentreten und sagen: »Widerrufen kann ich nicht!« Der »Ich werde sein« war an seiner Seite.

»Ich werde sein!« Ein seltsamer Name. Darin liegt die gesamte Botschaft der Liebe. Und hoffentlich spürt man uns ab, dass der »Ich werde sein« in unserer Nähe ist, uns Fantasie und Tatkraft schenkt. Ein Mann hat sich schicken lassen, um unseren Jungen zu retten. Gott und Reinhard sei Dank.

63. Dünnbrettbohrer

»Die letzte verantwortliche Frage ist nicht, wie ich mich heroisch aus der Affäre ziehe, sondern wie eine kommende Generation weiterleben soll.« Dieser Satz von Dietrich Bonhoeffer rüttelt mich auf, wann immer ich ihn höre oder lese.

Nicht das übliche »Husch, husch – sieh zu, wie du am schnellsten und bequemsten durchkommst«, sondern gründlicher denken, sich Zeit nehmen für gute Lösungen und gute Arbeit.

In unserer Gesellschaft geht es darum, Eindruck zu machen. Die Verpackung ist wichtiger als der Inhalt. Große Worte sind gefragt, brillante Formulierungen, eine gute Performance. Du musst dich gut darstellen und verkaufen können.

Wen wundert es, wenn die Sorgfalt zu wünschen übrig lässt, wenn bestimmte Entwicklungen nicht im Gesamtzusammenhang bedacht werden, wenn keine Zeit bleibt, um Experten zu ihrem Pro und Kontra zu befragen.

Heute hier, morgen da – wer kann da gründlich sein? Bundeskanzlerin Angela Merkel hat in einem Interview gesagt, dass sie es sehr bedauere, keine ausreichende Zeit zum Nachdenken zu haben. Von ihr werden schnelle Reaktionen zu aktuellen Ereignissen erwartet. Sofort werden ihr ein Mikrofon und eine Kamera hingehalten. Und das zwischen Berlin, Washington und Peking. Es ist erstaunlich, was sie leistet, allein körperlich, mit Turbulenzen im Himmel und auf Erden.

Nicht nur Bundeskanzlerinnen und hochrangige Weltgestalter sind betroffen. Wir kennen das auch. Die Tage sind voll. Die Erwartungen sind hoch. Abends sinken wir müde aufs Sofa. Viele sind froh, wenn sie ihr großes Pensum einigermaßen bewältigen können. Es bleibt wenig Zeit und Kraft für ein anspruchsvolles Buch. Wir greifen lieber zu leichter Kost. Wer schafft es denn, sich grundlegend über seinen Lebensstil Gedanken zu machen: zum Beispiel über die 82 Kilo Lebensmittel, die von jedem Bundesbürger im Jahr weggeworfen werden. Wer schafft es, sich über atmosphärische Störungen in der Familie, die nicht mehr zu übersehen sind, Gedanken zu machen?

Was wir vernachlässigen, holt uns irgendwann ein – wer wüsste das nicht? Ob es sich um uns selbst, das Haus, die Ehe oder die Welt handelt.

Jedermann schneidet gern die Bretter da,
wo sie am dünnsten sind:
Man bohrt nicht gern durch dicke Bretter.

Martin Luther hat dicke Bretter gebohrt. Er hat sich mit den großen Fragen des Menschseins, mit der Frage nach dem Willen Gottes gequält. Während ich an diesem Buch arbeite, überlege ich, was er uns heute zu sagen hätte. Vielleicht dies: »Lasst doch mal die Albernheiten, euer Kreisen um euch selbst. Werdet gründlich.«

Wer erfahren hat, dass sein Leben zu Bruch gehen könnte, dass nach einem Aneurysma alles anders ist als vorher, dass man nachts um drei angerufen wird: »Es sieht schlecht mit Ihrem Jungen aus«, wer erlebt, dass ein Mensch, der immer klug war, auf einmal dement ist – der ahnt: Zerstreuung und Unterhaltung helfen jetzt nicht. Ich docke mein Leben, so, wie es ist, bei Gott an. Das nimmt das Schwere nicht weg, aber es ist jetzt in der Liebe aufgehoben.

Dünnbrettbohrer gibt es viele im Land. Sie fragen: Was kommt gut an, was gibt ein gutes Bild ab, wo ist der Weg des geringsten Widerstandes? Martin Luther hat dicke Bretter gebohrt.

64. Erinnern und Vergessen

So etwas Dummes! Ich wollte mir etwas Wichtiges merken und auf einmal ist es weg; auf geheimnisvolle Weise muss es in einem dunklen Loch meines Gehirns verschwunden sein. Ich möchte jemand begrüßen und komme nicht auf seinen Namen. Ich stehe im Keller und weiß nicht mehr, was ich holen will.

Wie ist das mit unserem Gedächtnis? Wer sortiert in unseren Köpfen, was dauerhaft gespeichert werden soll und was wir ganz schnell wieder vergessen sollen oder dürfen? Warum geht manches zum einen Ohr rein und zum anderen gleich wieder raus? Aber einige Erinnerungen, einige Dinge bleiben ein Leben lang haften – wir vergessen sie nie wieder.

Experten sagen: Das mit dem Vergessen ist nicht besorgniserregend. Wir hören zu viel. Wir brauchen einen Filter für wichtig und unwichtig! An bestimmte Dinge sollen wir uns gar nicht erinnern. Es ist gut eingerichtet, dass es einige Zeitfenster gibt, die aus unserem Gedächtnis gelöscht werden, ein für allemal. Zum Beispiel nach einem Unfall oder einer Reanimation. Das ist ein Stück Barmherzigkeit.

Beim Gedächtnistraining habe ich gelernt: Alles, was mit Emotionen besetzt ist, behalten wir leichter. Alles, was mit besonderen Ereignissen in unserer Lebensgeschichte verbunden war, das behalten wir. Jeder, den ich gefragt habe, wusste, wo er sich am 11. September 2001 aufgehalten hat. Fast alle (die damals schon lebten) erinnern sich an den 22. November 1963, als John F. Kennedy in Dallas ermordet wurde. Wir erinnern uns an unseren ersten Kuss, den ersten Tanz, besondere Prüfungen und Bilder, die wir immer wieder gesehen haben. Ich werde nie vergessen, dass meine Mutter nicht bei unserer Silberhochzeit dabei sein konnte, weil sie ein paar Tage vorher eine große Operation hatte.

Das mit dem Vergessen ist nicht neu. Schon das Volk Israel kannte dieses Phänomen. Deshalb hatten sie sogenannte »Mesusot«, Kapseln aus Holz, in denen sie einen »Spickzettel« aufbewahrten. Darauf stand: »Du sollst den Herrn, deinen Gott, lieben von ganzem Herzen, von ganzer Seele, mit aller deiner Kraft.« Kann man das vergessen? Ja, man kann. Wie oft haben wir uns sonntags an großen Gedanken und Beflügelungen gefreut und bereits montags ging uns die Luft aus.

Nichts ist langsamer vergessen als eine Beleidigung, nichts ist schneller vergessen als eine Wohltat.

Ins olympische Programm wird es wohl nicht aufgenommen werden, aber es ist ein beliebter Volkssport, besonders bei Frauen: das Nachtragen. Wer anderen etwas nachträgt, hat viel zu schleppen. Die anderen wissen womöglich gar nicht, was da zwischen uns brodelt, aber wir schleppen und schleppen. Nachtragen macht den Rücken krumm und vergiftet unser Innenleben. Es gibt Menschen, die gerne alte Geschichten aufwärmen. In diesem Bereich haben sie ein erstaunlich gutes Gedächtnis.

Was meinen Sie: Wollen wir die dicken Säcke auf unseren Rücken endlich abwerfen und uns versöhnen? »Ich möchte, dass endlich Frieden ist zwischen uns.« Das fühlt sich gut an, sogar die Bandscheiben jubilieren.

Was können wir für unser Gedächtnis tun? Viel erzählen, beim Erzählen Bilder benutzen, auswendig lernen, Kreuzworträtsel lösen, Wichtiges wiederholen – wie Vokabeln, Spickzettel in der Tasche tragen, uns viel bewegen und nicht alle Informationen an uns heranlassen.

65. Recht haben und lieb haben

»Habe ich es dir nicht gleich gesagt?« – »Ich hatte recht, oder?« – »So was kommt von so etwas.«

Wir haben viele Besserwisser, Oberlehrertypen und Klugredner unter uns. Sie wissen alles ganz genau. Wenn ich höre, wie an Stammtischen lamentiert wird, dass die »da oben« keine Ahnung haben, was alles im Argen liegt und was in unserem Land unbedingt verändert werden muss, dann denke ich: »Leute, warum lasst ihr euch bei eurem Potenzial an Klugheit nicht für politische Ämter aufstellen? Warum mischt ihr nicht mit? Warum tut ihr nichts?« – Was ist das für ein Jammer, dass begabte Menschen wie ihr eure Begabung ungenutzt liegen lasst – kommt, helft mit, um in dieser Welt etwas zu verändern.

Wir kritisieren und nörgeln und wissen alles besser. In der Politik, bei Fußball-Länderspielen, in der Kirche und vor allem in der Nachbarschaft. »Na, ist doch klar, warum das bei denen nicht läuft: so, wie die ihre Kinder erziehen, wie die mit dem Geld umgehen. Das siehst du schon am Garten und an den Gardinen.« – Wir sehen uns im Recht.

Wie ist das mit dem Rechthaben? Menschen haben ein Recht auf ihre eigenen Erfahrungen. Sie werden Fehler machen. Sie werden manchen Weg gehen, für den sie sich im Nachhinein schämen. Sie werden in manchen Situationen Federn lassen, bevor sie weise werden. Und im wirklichen Leben können sie nicht wie beim Computer auf »Reset« drücken.

Wer immer recht haben will, der wird manchen Menschen verlieren. Der Satz »Hab ich mir doch gleich gedacht, dass das nicht gut geht bei denen« ist kein gutes Fundament für eine Nachbarschaft. Menschen, die immer recht haben wollen, reiben anderen unter die Nase, was sie alles falsch gemacht haben. Frauen entdecken an dieser Stelle die Archäologin in sich und greifen auf Ereignisse zurück, die schon zehn oder zwanzig Jahre zurückliegen.

Rechthaber denken in Schwarz-Weiß. Sie neigen dazu, aus Mücken Elefanten zu machen.

Es ist oberpeinlich. Ich habe lange Zeit gedacht: »Das ist ja ein Ding, dass wir keine Danksagung für unser Geschenk bekommen haben!« 18 Monate später habe ich festgestellt, dass wir das Geschenk gar nicht abgegeben hatten. Es steckte noch bei meinem Mann in der Anzugtasche. So kann es gehen, wenn wir uns im Recht fühlen.

Es darf nicht jeder das tun,
worin er Recht hat,
sondern er muss darauf sehen,
was seinem Bruder nützlich und förderlich ist.

Martin Luther hat etwas Wichtiges erkannt: Wenn Gott nach dem Recht messen würde, dann hätten wir Menschen keine Chance. Wir wären nie gut genug! Wir stünden wie begossene Pudel da und könnten auf tausend nicht eins antworten.

Doch nun kommt es: Gott verzichtet auf das Rechthaben – und entscheidet sich für das Liebhaben, für die Gnade! Es ist, als würde eine Fanfare ertönen, die eine neue Weltzeit ankündigt. »Wir werden ohne Verdienst gerecht aus seiner Gnade durch die Erlösung, die durch Christus Jesus geschehen ist« (Römer 3,24).

Darf ich das übersetzen? »Ich sehe dich in deiner Unvollkommenheit. Ich sehe, wo du dich verrannt hast, wo du schuldig wirst und etwas schuldig bleibst. Ich sehe, wo du es schwer hast mit dir selbst. Und? Ich spreche dich gut!«

Stellen Sie sich vor, wir könnten diese Freiheit, diese Freude für uns neu entdecken!

66. Im Himmel und auf Erden

Wo wohnt Gott? Das ist eine anspruchsvolle Frage. Selbst Gelehrte und Theologen stoßen dabei an ihre Grenzen. Umso erstaunlicher, zu welchem Ergebnis einige Erstklässler gekommen sind.

Einige meinten, Gott wohne im Himmel. Ja, das beten wir doch regelmäßig: »Vater unser im Himmel«. Andere meinten, er wohne auf der Erde, mitten unter uns. Ein Junge, dessen Vater Arzt ist, löste die Frage aus seiner 6-jährigen Lebenserfahrung so: »Wohnen tut der liebe Gott im Himmel, aber seine Praxis hat er auf der Erde!« Ein wunderschönes Bild. – Doch wo wohnt Gott?

Der Petersdom in Rom ist ein beeindruckendes Bauwerk. 20 000 Menschen finden in einem der größten Innenräume der Welt Platz. Michelangelo hat eine Kuppel von 42 Metern Durchmesser entworfen. So viel Carrara-Marmor und Glanz und Prunk wie damals in Rom hatte ich noch nie gesehen. »Großer Gott, wir loben dich« – wir loben dich, Ursprung der Welt und Ziel aller Wege.

Als ich das erste Mal ein Enkelkind auf dem Arm hatte, damals noch sehr zart und klein, da habe ich etwas von der Nähe Gottes, vom Wunder des Lebens, von der Liebe, die alles umfängt, gespürt. Es hat in mir gesungen – im Herzen! Ist es möglich, dass wir Gott in der Frühchenstation eines Krankenhauses näher sein können als im Petersdom?

Wo wohnt Gott? In der Bibel wird der Himmel, wird die Nähe Gottes in vielen Bildern beschrieben: Wüsten werden blühen, Tränen werden getrocknet, Leid und Schmerz werden nicht mehr sein, zu Grabe getragene Hoffnungen werden zu neuem Leben erweckt, das Alte ist vergangen. Gott wird bei seinen Menschen wohnen.

Man soll nicht in den Himmel gaffen,
wenn man vom Himmelreich reden hört.
Das Himmelreich ist überall da,
wo der Glaube ist.

Wir wünschen uns sehr, dass der Himmel die Erde berührt. Im Alltag, mit dem umfangreichen Programm, das wir bewältigen müssen, mit manchem, an dem wir schwer zu tragen haben. Wir wünschen uns sehr, dass kein Ort dieser Welt ohne Gott ist: Fukushima nicht, die Insel Utoya, Syrien und Äthiopien auch nicht.

Wo wohnt Gott? – Der Religionsphilosoph Martin Buber hat gesagt: »Gott wohnt, wo man ihn einlässt.« Martin Luther hat Gott in sein Leben eingelassen – und der hat an ihm und durch ihn große Dinge getan.

Ein Satz von John F. Kennedy ist oft zitiert worden: »Frage nicht, was dein Land für dich tun kann, sondern was du für dein Land tun kannst!« Ich weiß, dass der Vergleich hinkt, aber stellen Sie sich vor, der Satz hieße: »Frag nicht immer nur, was Gott für dich tun kann. Frag, was du tun kannst, um mitzuwirken an der Geschichte der Liebe, des Friedens und der Menschenfreundlichkeit. Du, an deinem Platz, im Rahmen deiner Kräfte und Möglichkeiten.«

Spüren Sie, dass es jetzt spannend wird?

Wir versuchen, das umzusetzen, was wir als richtig und wichtig erkannt haben. Wir finden uns nicht mit dem ab, was ist. Damit um uns herum nicht alles beim Alten bleibt, werden Menschen wie Sie und ich gebraucht, die sich auf den Weg machen. Wir lassen andere weniger allein. Wir helfen mit, dass einer wieder ins Reine mit sich und der Welt kommt. Wir sorgen für Bedingungen, in denen das Leben gedeihen kann, zetteln etwas an.

Der große Gott möchte bei seinen Menschen wohnen, hier und jetzt. »Dein Wille geschehe, wie im Himmel, so auf Erden.«

67. Anstrengungen machen stark

Mit 40 Jahren hat er beschlossen, etwas für seine Fitness zu tun. Er hat sich einer Läufergruppe angeschlossen und ist mittlerweile fit für die »Königsdisziplin« der Läufer: die Marathonstrecke. Die Ernährung hat er umgestellt und 12 Kilo abgenommen.

Es hat Schweiß gekostet. Wie oft mag er beim Training gedacht haben: »Warum tu ich mir das an?« Aber er hat es geschafft. Er fühlt sich gut, richtig gut. Die Anstrengung hat sich gelohnt. Wenn vom »Runner's High« die Rede ist, kann er dem nur zustimmen. Das Laufen hat ihn gepackt.

Sie wird bald 80 Jahre alt und hat von ihrer Tochter einen Tablet-PC geschenkt bekommen. »Ich kann doch gar nichts damit anfangen. Das lerne ich nicht mehr!« – Und gleichzeitig hat es sie gereizt, mit ihren erwachsenen Töchtern auf zeitgemäße Weise zu kommunizieren. Sie wollte es sich selbst und ihnen beweisen: »Mensch, so alt bin ich doch gar nicht!« Sie hat sich ans Gerät gewagt und übt mit großem Eifer. Sie sucht sich Menschen, die ihr weiterhelfen können – und ist glücklich und stolz!

Anstrengungen machen gesund und stark.

Was war das schön, bei den Olympischen Spielen in London den muskulösen Ruderern und Schwimmern, Turnern mit ihrer vollkommenen Körperbeherrschung und den wieselflinken Beachvolleyballern zuzuschauen. Als Sofasportler hat man viel Freude, ist mittendrin im Geschehen und kann analysieren. Das alles ohne Verletzungsrisiko und bei guter Verpflegung!

Was dabei rauskommt, wissen wir. In der Zuschauerrolle werden wir immer schlapper und bequemer. »Wer rastet, der rostet!« Das klingt banal, ist aber wahr. Natürlich, wer Schmerzen hat, wer Probleme beim Atmen hat und sich schwach fühlt, dem fällt es nicht leicht, sich auf den Weg zu machen, eine Stunde stramm spazieren zu gehen. Doch genau das würde ihm guttun. Auf Dauer würde es den Körper stärken.

Nach einem vollen Arbeitstag, als der Schädel brummte und die Kurve des Biorhythmus anzeigte: »Am besten legst du dich gleich hin«, musste ich los zu einem Punktspiel beim Tischtennis. Und, was war? Nach ein, zwei Stunden hinter der Platte, nachdem ich ordentlich geschwitzt hatte, fühlte ich mich wie neu geboren. Abends gegen 23.00 Uhr war ich rechtschaffen kaputt, aber fröhlich und zufrieden.

Was lernen wir daraus? Ein Leben im Schongang tut uns nicht gut. Wir brauchen Bewegung. Gehen, Radfahren, Schwimmen, Tanzen. Das ist gut fürs Herz, für den Cholesterinspiegel und für die Knochendichte. Wenn Muskeln nicht trainiert werden, dann sind die irgendwann so schlaff wie gekochter Spargel! Ich stelle den Rasenmäher darum immer auf »Hase« und nicht auf »Schnecke« und lobe mich regelmäßig, wenn ich auf dem Bahnhof die Treppe benutze und dabei die rollenden Kollegen überhole.

Nicht nur der Körper braucht Bewegung. Auch unser Geist.

Im Laufe des Lebens haben wir immer wieder die Erfahrung gemacht: Aus dem anfänglichen »Das lernst du nie, das schaffst du nie« wurde die Erfahrung, etwas mit schlafwandlerischer Sicherheit zu beherrschen. Das kleine Einmaleins, die Knoten im Schnürsenkel, das Fahrradfahren, die Exceltabellen, der Hefeteig und das Autofahren. Wir brauchen ein Leben lang Herausforderungen. Was es auch ist, es wird uns guttun.

68. Ist es gut, ist es schlecht?

Die Geschichte erzählt von einem chinesischen Bauern und dessen Sohn. Eines Tages lief das schönste Pferd des Bauern davon. Alle Nachbarn bedauerten den Bauern. »Was für ein Unglück, dein schönstes Pferd ist weg!« Der Bauer sagte: »Unglück, wer weiß?« Nach einigen Tagen kam das Pferd zurück und mit ihm kamen einige Wildpferde. Die Nachbarn beglückwünschten den Bauern. »Was für ein Glück du hast!« Der Bauer sagte: »Glück, wer weiß?« Als sein Sohn eines der Wildpferde zähmen wollte, wurde er abgeworfen und brach sich ein Bein. Die Nachbarn kamen und sprachen von einem großen Unglück. Der Bauer sagte: »Unglück, wer weiß?« Kurz darauf kamen die Soldaten des Kaisers, um junge Männer für den Krieg einzuziehen. Da der Sohn des Bauern sein Bein gebrochen hatte, taugte er nicht für den Krieg und konnte daheim bleiben.

Wir wissen oft erst im Nachhinein, ob etwas ein Glück oder ein Unglück war!

Es ist kein Ding so gut,
keins so böse,
dass es mir nicht zum Guten dienen muss,
wenn ich glaube.

Wer weiß, wozu es gut ist? Danke für alle Menschen, die mich kritisiert haben. Es hat mir damals wehgetan, aber im Nachhinein kann ich sagen. Sie haben mich weitergebracht. Ich bin an ihrer Kritik gewachsen. Danke für alle Menschen, die mich enttäuscht haben. Es ist mir unter die Haut gegangen, aber durch sie habe ich gelernt, dass ich einer Täuschung aufgesessen war. Ich hatte mir ein Bild von ihnen gemacht, dem sie nicht entsprechen konnten oder wollten. Danke für alle Menschen, die mich gereizt haben, denen ich es nie recht machen konnte. Durch sie habe ich gelernt, was Gnade ist. Wir werden nicht aufgrund unserer Leistungen bemessen. Wir leben aus der Gnade.

Es tut weh, wenn Menschen, die viel geleistet haben und immer stark waren, ausgebrannt sind. Es kommt einer persönlichen Bankrotterklärung gleich. Später, nach einer verordneten Auszeit mit vielen klärenden Gesprächen, haben einige von ihnen gesagt: Ich habe viel gelernt. Ich musste wohl aus bestimmten Zwängen herausgeholt werden. Ich musste ein paar Gänge runterschalten. Inzwischen habe ich einen Blick für das, was im Leben wichtig ist, bekommen. Ich weiß jetzt, wer meine Freunde sind. Ich habe begonnen, mir selbst regelmäßig Ruhe zu gönnen und in mich hineinzuhorchen, was ich mir zumuten kann und was nicht.

Mir haben Frauen erzählt, dass sie schlimme Zeiten mit Geldsorgen, mit Krach, mit Krankheit hinter sich haben. »Und wissen Sie was? Ich bin dabei zu einem Menschen mit Tiefgang geworden.« Keiner wünscht sich Krisen, wenn das, was immer getragen hat, auf einmal kippt, wenn sich der Boden unter einem auftut, aber im Rückblick haben viele gesagt: »Genau in der Zeit habe ich etwas Entscheidendes gelernt.« – »Krisen sind Wachstumshormone für die Seele«, sagte Dr. Dietrich Grönemeyer in einer Talkshow. Mag sein, dass wir zu einer solchen Erkenntnis erst Jahre später kommen.

Die Weisheit des chinesischen Bauern wünsche ich mir. Wer weiß, ob es Glück ist oder Unglück? – Ich gehe die Stationen meines Lebens noch einmal durch und denke an die Menschen, mit denen ich unterwegs gewesen bin. Manches werden wir wohl erst später erfahren. Dietrich Bonhoeffer hat gesagt: »Ich glaube, dass Gott aus allem, auch aus dem Bösesten, Gutes entstehen lassen kann und will.«

69. Als wär's ein Teil von mir

Im Laufe des Lebens habe ich eine umfangreiche Bibliothek zusammengetragen. Bücher sind mir zu guten Freunden geworden. Sie inspirieren, rütteln auf und erschüttern, sie rühren an, entlocken mir hin und wieder ein »Halleluja« und erschließen mir die Welt. In Büchern finde ich Worte für den Himmel, die Erde und den Raum dazwischen. Sie beschreiben das Zarte des Lebens, erzählen Geschichten, die hinter den uns bekannten Geschichten laufen. Sie geben mir das Gefühl, unter einem weiten Horizont zu leben, Zugang zu den Quellen der Weisheit zu haben.

Ein Büchernarr wie ich ertappt sich oft bei dem Gedanken: »Wenn ich das noch gelesen hätte, dann …« Da ist diese Lust auf mehr, auf immer Neues.

Obwohl: In den letzten Jahren entdecke ich eine gewisse Übersättigung, stehe in einer großen Buchhandlung und gehe, erschlagen von einem unüberschaubaren Angebot, wieder raus. Es geht mir wie der kleinen Ziege aus dem Märchen »Tischlein, deck dich«. Die hat gesagt: »Ich bin so satt, ich mag kein Blatt, mäh, mäh.«

Das Gute geht unter in einer Fülle, die mein Fassungsvermögen bei Weitem übersteigt. Der Arbeitsspeicher ist voll. Da passt nichts mehr rein!

Mal ehrlich: Die 100 Bücher, die zum Thema Diät angeboten werden, führen fast alle zu der einen Aussage: »Iss weniger, iss bewusster, trink viel und beweg dich!«

Ich komme in ein Alter, in dem ich Bücher stehen lassen kann. Das Wertvolle möchte ich wiederholen. Ich möchte es »wieder holen« aus meinem inneren Schatz, damit es ins Herz rutscht, ein Teil von mir wird, mein Leben prägt! Es gibt Worte, die haben mich zutiefst angerührt. Ich habe gespürt, dass sie tragen, dass sie mir einen ordentlichen Schubs nach vorn geben, wann immer ich sie lese. Es gibt Worte, die mich leichter und intensiver leben lassen.

Viele Bücher lesen macht nicht gelehrt,
viel lesen auch nicht,
sondern gute Dinge oft lesen,
wie wenig es auch ist,
das macht gelehrt in der Schrift
und fromm dazu.

Martin Luther hat viel gelesen. Gleichzeitig kam er aus der klösterlichen Tradition, in dem die Wiederholungen eine große Rolle spielen. Die Mönche sprechen von »ruminatio«, was so viel bedeutet wie »wiederkäuen«, wie wir es von den Kühen kennen. Abschnitte aus der Bibel werden immer und immer wieder gelesen. Sie sollen sich einprägen, den Menschen prägen!

Es ist eine gute Tradition, jeden Tag einen Abschnitt aus den Evangelien zu lesen, damit wir mit Jesus Christus bekannt werden. Nicht denken: »Das kenn ich doch alles schon, das sind alte Kamellen.«

Der Kopf will immer etwas Neues, unsere Seele will hingegen das Vertraute. Ich möchte das Wertvolle wiederholen, damit es seinen Glanz entfalten kann. Die Geschichten vom Vertrauen, vom Durchgekommensein, von Aufbrüchen, Chancen zum Neuanfang und von einer Trotzdem-Kraft. Ich möchte das Wertvolle »ein-verleiben«. Ist das nicht ein schönes Wort? Einverleiben, damit es ein Teil von mir wird.

Wenn die Enkel noch etwas größer sind, dann erzähle ich ihnen die Geschichte vom Kleinen Prinzen, von Momo, von den Spuren im Sand, von den weißen Bändern am Apfelbaum, von David und Goliat, von Jona und Noah, von dem kleinen Bär und dem kleinen Tiger, die unbedingt nach Panama wollten.

Gute Dinge oft lesen und oft erzählen, daran hat sich in 500 Jahren nichts geändert.

70. Bilder vom guten Leben

Kein Land in Sicht! Noah sitzt mit seiner Großfamilie und vielen Tieren in der Arche. Es ist düster – in den Menschen und um sie herum. Keiner weiß, wie sich die Situation entwickeln wird, wie es weitergehen soll.

Die Luft ist verbraucht. »Es stinkt wie im Pumakäfig.« Haben Sie den Duft in der Nase? Nashörner, Lamas und Marder sorgen für einen penetranten Gestank!

Eines Tages öffnet Noah ganz vorsichtig ein Fenster, weit oben in der Arche, damit das Wasser sie nicht überraschen kann. Was für ein Moment! Eine frische Brise kommt herein. Alle atmen durch. Ein Lichtstrahl erhellt den Raum. Lebensgeister melden sich zurück. Der Maler Marc Chagall hat diese Szene mit dem geöffneten Fenster und der Taube gemalt. Ein wunderbares Bild. Noah, mit einem langen weißen Bart und vielen Falten auf der Stirn, hält eine Taube in der Hand. Er schickt sie auf Reisen. Sie soll herausfinden, ob da irgendwo Land in Sicht ist.

Wenn einer das Fenster seiner Welt aufmacht, dann ist schon viel gewonnen. Manchem möchten wir zurufen: »Komm raus aus deinem Schneckenhaus. Grübel nicht so viel herum. Dein Leben ist mehr als das, was du gerade wahrnimmst. Egal, wie düster es an manchen Tagen für dich aussieht, mach das Fenster auf, lass mal frischen Wind in dein Leben.«

Draußen blühen die Dahlien, die Hortensien und der Phlox in den schönsten Farben – und manche sagen: Es ist alles so traurig in der Welt. Was ist los? Sie haben vergessen, die Rollläden vor ihren Fenstern hochzuziehen.

Du wirst alsbald Erleichterung finden,
wenn du mitten im Unglück
Gott als stärker ansiehst als dein gegenwärtiges Leid.

Das ist leicht gesagt und doch so schwer getan. Wer kennt nicht diese Stunden, in denen wir in Selbstmitleid baden, in denen wir uns verkriechen und dicht machen. Es ist kein Land in Sicht!

Martin Luther erinnert uns daran, gerade in solchen Situationen das Fenster unserer Welt zu öffnen. Damit wir nicht im ständigen Kreisen um uns selbst hängen bleiben, damit wieder Bewegung in unser Denken kommt, damit ein frischer Wind einzieht, im besten Falle ein »Wind of Change«.

Machen Sie das Fenster auf. Da sind Menschen, die Ihnen weiterhelfen können und die Sie brauchen, die schon lange auf ein Zeichen von Ihnen warten. Machen Sie das Fenster auf und holen Sie Licht vom Licht der Welt in die düstere Butze, in der Sie sich versteckt haben.

Martin Luther musste sich selbst immer wieder daran erinnern, sein Fenster zur Welt und zu Gott zu öffnen. Immer dann hat er eine Erleichterung gespürt. Daraus hat er die Kraft und den Mut für etwas Großes bekommen.

Sein Namensverwandter, Martin Luther King, Theologe und Bürgerrechtler, hat gesagt: »Komme, was mag: Gott ist mächtig! Wenn unsere Tage verdunkelt sind und unsere Nächte finsterer als tausend Mitternächte, so wollen wir stets daran denken, dass es in der Welt eine große, segnende Kraft gibt, die Gott heißt. Gott kann Wege aus der Ausweglosigkeit weisen. Er will das dunkle Gestern in ein helles Morgen verwandeln – zuletzt in den leuchtenden Morgen der Ewigkeit.«

Gott ins Leben hineinlassen, ist das Geheimnis. Die Taube des Noah kam nach dem ersten Flug ohne Erfolg zurück. Vom zweiten Flug brachte sie einen Ölzweig mit.

71. Aus dem Nichts heraus ...

Münchehagen ist ein kleines Dorf in der Nähe des Steinhuder Meers. Bekannt geworden ist es durch den Dinopark. Vor ca. 100 Millionen Jahren haben der Tyrannosaurus Rex und seine Verwandten bei uns in Schaumburg ihre Spuren hinterlassen. In den 80er-Jahren des 20. Jahrhunderts hatten Arbeiter diese Spuren in einem Steinbruch entdeckt. Es ist ein Park für Jung und Alt entstanden, in dem es viel über die Erdzeitalter, die Tiere und Pflanzen der Urzeit zu staunen gibt.

100 Millionen Jahre. Wer kann sich das vorstellen? Wenn wir noch weiter zurückgehen, dann erreichen wir die Zeit, als alles »wüst und leer« war. Die Bibel nennt diesen Zustand »Tohuwabohu«. Wir kennen diesen Begriff heute nur noch im Vergleich mit manchen Kinderzimmern!

Ganz am Anfang war Gott, war der Urstoff des Lebens. Alles, was existiert, ist durch Gott entstanden. Der Himmel und die Erde, die Galaxie, in der wir beheimatet sind, und die große »Magellansche Wolke« nebenan. Alle Grandiosität der Schöpfung, auch die »Quarks«, von denen viele meinen, dass es kleiner nicht mehr geht, kleiner als ein Milliardstel Millimeter. Auch die Billionen Zellen, mit denen jeder Mensch ausgestattet ist, davon 23 Milliarden im Gehirn des Mannes und 19 Milliarden im Gehirn der Frau. – Oder sollte das von einem Mann falsch wiedergeben sein?

Nichts in der Schöpfung ist ohne Gott entstanden. Und allen Erfindern dieser Welt schaut Gott womöglich schmunzelnd über die Schulter. Er lässt finden, das ist die Grundlage allen Erfindens und Entdeckens. Der Mensch erfindet den Faustkeil, das Rad, die Schrift, den Buchdruck, das Penicillin, die Dampfmaschine, die bemannte Raumfahrt, das Internet und den Eierschalensollbruchverursacher. Georg Friedrich Händel schreibt sein großes Halleluja.

Gott setzt Sonne, Mond und Sterne an den Himmel und gibt allem Geschaffenen Berechenbarkeit. Menschen bekommen Geist von seinem Geist. Sie dürfen bauen, forschen und finden. Sie dürfen die Welt gestalten, sind ausgestattet mit Kreativität und Fantasie.

Martin Luther wurde einmal gefragt, was Gott eigentlich getan habe, bevor er die Welt geschaffen hätte. Seine Antwort war: »Er hat Ruten geschnitten, um neugierigen Fragern damit eins überzuziehen.« Wir erinnern uns: Es war die Zeit des Kopernikus. Es war die Zeit, in der die Kirche meinte, sie müsse bestimmte Weltbilder verteidigen.

 Es ist Gottes Natur,
dass er aus nichts etwas macht.

Wo wir meinen, dass da nichts zu machen, dass dies unmöglich ist … wer weiß! Gott schafft auch heute noch Veränderungen und Neuanfänge. Er lässt Menschen etwas erkennen, neue Musik komponieren, neue Lebensformen finden, neue Geschichten schreiben … neu auf einen zugehen, mit dem sie es lange Zeit nicht leicht hatten.

Dorothee Sölle hat einmal gesagt: »›Da kann man nichts machen‹ ist ein gottloser Satz.« Warum finden wir uns so schnell ab? Warum trauen wir uns und den vielen anderen, die mit uns unterwegs sind, so wenig zu? Die Geschichte der Reformation zeigt, was alles möglich ist an Erneuerung.

Wenn ich das nächste Mal denke: »Da kann man nichts machen«, dann möchte ich mich an Martin Luther erinnern, der allem Gegenwind zum Trotz seinen Weg gegangen ist, der der ewigen Schöpferkraft Gottes vertraut hat.

72. Dem Körper etwas Gutes tun

Martin Luther hat gerne gegessen und seine Katharina hat gut gekocht. Er liebte deftige Hausmannskost und wenn es ihm geschmeckt hat, dann hat er manches Mal das bekömmliche Maß überschritten und üppig geschlemmt. Seine Lieblingsspeise war gebratener Salzhering mit Erbspüree und Honigsenf.

Wen wundert es, wenn auf dem Weg zum großen Reformationsjubiläum 2017 in manchen Gemeinden Abende unter dem Thema »Futtern wie bei Luthern« angeboten werden. Essen und Trinken hält bekanntlich Leib und Seele zusammen.

Was Luther angeht, so blieb das gute Essen und Trinken nicht ohne Folgen. Er schreibt an Philipp Melanchthon:

Der Herr hat mich am Hintern geschlagen mit
großen Schmerzen. Der Stuhl ist hart, dass ich ihn nur mit
großer Kraftanstrengung, bis mir der Schweiß ausbricht,
herausdrücken kann, und je länger ich es aufschiebe, desto
härter wird er. Gestern am vierten Tag habe ich einmal
Stuhlgang gehabt, daher habe ich auch die ganze Nacht
nicht geschlafen und habe auch jetzt noch keine Ruhe.
Ich bitte dich: bete für mich, denn dieses Übel wird
unerträglich, wenn es so weitergeht wie bisher.

Wir wissen heute, was die Verdauung fördert. Viel trinken, viel Bewegung, Ballaststoffe und Frischkost. Damals war das nicht bekannt. Luther hat wahrscheinlich viel zu fett gegessen, viele Nüsse und viel Schweinefleisch. Seine Leibesfülle nahm zu. Sein BMI war in einem besorgniserregenden Zustand. Und wie das so ist: Wenn das Gewicht zunimmt, hat man immer weniger Lust auf Bewegung – und ein voller Bauch studiert nicht gerne.

Katharina Luther war eine kluge Frau. Sie kannte sich gut mit Heilmitteln aus der Natur aus. Gegen die Unlust ihres Mannes bereitete sie einen Tee aus der Gemeinen Schafgarbe, in Rotwein gesiedet.

»Du wirst zu dick, du frisst zu viel in dich hinein«, wird sie ihrem Gatten gesagt haben. »Alle deine Plagen schiebst du auf den Teufel. Aber du isst zu viel Kohl und Fett. Du achtest nicht auf dich und das, was deinem Körper förderlich ist. Kein Wunder, dass du dich in deiner Haut nicht wohlfühlst. Eins zieht das andere nach sich: Schwindel, Nieren- und Gallenbeschwerden, Gicht. Vor lauter Gedanken vernachlässigst du dich – und das hinterlässt Spuren.«

Was Katharina wirklich gesagt hat, wissen wir nicht. Aber die Sorge der Frauen um die Gesundheit ihrer Männer ist auch heute noch aktuell. Ab und zu eine Currywurst und ein Besuch im Fast-Food-Restaurant ist ja nicht schlimm. Doch wir wissen sehr genau, wie wichtig eine ausgewogene Ernährung mit viel Obst und Gemüse, mit Hülsenfrüchten, Fisch und Fleisch ist.

Abtprimas Notker Wolf ist der höchste Repräsentant der Benediktiner, von denen es weltweit ca. 25 000 gibt. Er hat mich bei einer Talkshow überrascht, als er von seinem fünfminütigen Gymnastikprogramm am Morgen sprach, mit dem er sich fit hält. Fünf Minuten nach John Travolta. Man höre und staune. Die Bewegung ist wichtig, damit der Stoffwechsel angekurbelt wird und uns die Puste nicht ausgeht.

»Tu deinem Körper etwas Gutes, damit deine Seele gerne darin wohnt.« An diesen Satz der Teresa von Avila halte ich mich gerne. Bestimmt finden wir alle etwas, das zu uns passt, wenn es darum geht, auf Zack zu bleiben.

73. Markenzeichen

Bei Winston Churchill war es die Zigarre. Bei Napoleon war es die versteckte Hand. Bei Königin Elisabeth II. sind es die farbenfrohen Hüte. Bei den Landfrauen ist es die Biene und bei einer bekannten Schokolade die lila Kuh.

Markenzeichen können ein Apfel, ein silbernes Raubtier, ein Stern oder ein großes M, ein weißer Schal oder ganz viele Freundschaftsbänder am Handgelenk sein. In einigen Familien ist es ein Siegelring.

Kurfürst Johann Friedrich überreichte Martin Luther auf der Veste Coburg einen solchen Siegelring mit Wappen. Das war 1530. Dieses Wappen, die sogenannte »Lutherrose«, verstand der Reformator als ein »Merkzeichen« seiner Theologie.

In der Mitte der Rose steht ein rotes Herz. Im Herzen eingebettet ist ein schwarzes Kreuz. Das Kreuz steht für Christus, in dessen Liebe alles in diesem Leben und in dem, was dann kommt, aufgehoben ist. Die Rose hat weiße Blätter. Die Farbe Weiß steht für Licht und Klarheit, für den Geist, Trost und Frieden. Der Hintergrund ist blau wie der Himmel. Alles ist umgeben von der himmlischen Wirklichkeit. Im blauen Hintergrund steht »Vivit« – »Er lebt«. Gemeint ist Christus. Die Rose ist von einem goldenen Ring umgeben. Gold ist die Farbe Gottes. Er hat keinen Anfang und kein Ende, ist ewige Gegenwart.

Luther nutzte das Wappen als Siegel, um Schriften als von ihm verfasst kenntlich zu machen. In einem Brief im Juli 1530 erklärt Luther, was die Rose bedeutet:

Das erste sollte ein Kreuz sein, schwarz im Herzen,
das seine natürliche Farbe hätte, damit ich mir selbst
Erinnerung gäbe, dass der Glaube an den Gekreuzigten
mich selig macht. Denn so man von Herzen glaubt, wird
man gerecht. Solch Herz aber soll mitten in einer weißen

Rose stehen, anzeigen, dass der Glaube Freude, Trost und Friede gibt. Darum soll die Rose weiß und nicht rot sein; denn weiße Farbe ist der Geister und aller Engel Farbe. Solche Rose steht im himmelfarbenen Feld, dass solche Freude im Geist und Glauben ein Anfang ist der himmlischen Freude zukünftig. Und um solch Feld einen goldenen Ring, dass solche Seligkeit im Himmel ewig währet und kein Ende hat und auch köstlich ist über alle Freude und Güter, wie das Gold das edelste, köstlichste Erz ist.

Martin Luther hat die Bedeutung seines Wappens im folgenden Satz zusammengefasst: »Des Christen Herz auf Rosen geht, wenn's mitten unterm Kreuze steht.«

Was ist mein Markenzeichen? Auf dem Kirchentag in Köln 2007 hat mir eine Ordensschwester ein kleines Kreuz geschenkt. Sie sagte, das Kreuz stehe für alles, was wir im Leben zu tragen und zu ertragen haben.

Es hat eine glatte Seite. Das sind die vielen schönen Erinnerungen, die unser Leben reich machen. Das ist all das Schöne, was wir von der Welt gesehen haben, alles Gelungene, alle Liebe, alle Freundschaft, alles, worauf wir stolz sein können.

Das Kreuz hat auch eine raue Seite. Die steht für alles, was im Leben schwer war, für Momente, in denen sich Abgründe aufgetan haben, in denen wir uns geschämt haben, in denen wir an Gräbern Abschied nehmen mussten.

Dann sagte diese Schwester: »Am Kreuz ist alles zusammengeliebt worden, was unser Leben ausmacht. Alles, was war, was ist und was kommen wird.« – Ja, das fasst meinen Glauben zusammen.

74. Briefeschreiben – eine vergessene Kunst?

HDGDL. Es ist faszinierend, was uns die modernen Medien an Möglichkeiten bieten. Mit einer SMS können wir Liebesgrüße versenden, einem großen Freundeskreis können wir mit einem einzigen Klick ein Foto aus dem Urlaub schicken. Erinnern Sie sich noch? Früher haben wir stundenlang Postkarten an Oma Lina, Freundin Sigrid oder Cousine Bärbel geschrieben. Heute haben wir in drei Minuten alles erledigt.

Wenn ich acht Frauen eine Information übermitteln möchte, bin ich froh, dass ich mailen kann – denn, ihr lieben Männer, wie ihr wisst, können wir Frauen uns mit acht Telefonaten einen halben Tag lang beschäftigen.

Wir twittern und posten. Es ist schön für ein kleines Zeichen zwischendurch: »Ich hab an dich gedacht!« – Ich sitze im Kuppelsaal von Hannover in einem Konzert mit Reinhard Mey und lasse einen Daheimgebliebenen teilhaben.

Wenn ich an Weihnachten eine Rundmail mit einem winkenden Weihnachtsmann bekomme, in der mir jemand mit ein paar Smileys »Happy Christmas« wünscht, dann berührt mich das allerdings eher unangenehm. Vielleicht bin ich altmodisch, aber ich liebe zu besonderen Anlässen handgeschriebene Briefe, mit Füllfederhalter, auf gutem Papier. Ich liebe die persönlichen Worte, die an ein gemeinsames Erleben erinnern oder das Besondere einer Freundschaft ausdrücken.

Nie werde ich vergessen, als Pastor Konstantin von Kleist-Retzow, ein Verwandter der Maria von Wedemeyer, uns in einem Adventsgottesdienst den Brief vorgelesen hat, den Dietrich Bonhoeffer zu Weihnachten 1944 aus dem Gefängnis an seine Verlobte geschrieben hat. Wir waren zu Tränen gerührt, vor allem über den Schluss: »Von guten Mächten wunderbar geborgen.«

Ob sie jemand gezählt hat, weiß ich nicht, aber man sagt, Martin Luther habe etwa 2 500 Briefe geschrieben, mitten aus dem Leben. Er hat die große Geschichte mit vielen persönlichen Eindrücken verbunden. Er hat den Himmel mit der Erde verbunden. Viele Briefe sind an seine Frau gerichtet. Mal nennt er sie Herr Käthe, dann mein Liebchen, Morgenstern von Wittenberg, gnädige liebe Hausfrau oder Doktorin.

Gnade und Friede im Herrn!

Liebe Käthe!

Wir hoffen, diese Woche wieder heimzukommen, so Gott will. Gott hat uns große Gnade hier erzeigt … Ich schicke dir Forellen, die mir die Gräfin Albrecht geschenkt hat, die ist von Herzen froh über die Einigkeit … Wir haben hier zu essen und zu trinken vollauf wie die Herren, und man wartet unser gar schön und allzu schön, dass wir euer fast vergessen möchten zu Wittenberg … So ficht mich der Stein, Gott Lob, auch nicht an … Gott befohlen. Amen.

Briefe sind etwas Kostbares. Für viele gilt: »Nur mit dem Herzen schreibt man gut.«

Es gibt eine schöne Geschichte von Janosch: »Post für den Tiger«. Immer dann, wenn der Tiger antriebslos war, sollte sein Freund, der kleine Bär, ihm schreiben. »Immer, wenn du weit weg bist, bin ich so einsam. Ich habe die Stube nicht gefegt, die Blumen nicht gegossen, zu nichts hatte ich Lust.« Briefe tun gut.

Lassen Sie uns das Briefeschreiben in der Zeit der elektronischen Medien nicht vergessen – und ab und zu wieder eine altmodische Karte schreiben, die sagt: »Stell dir vor, ich habe gerade an dich gedacht.«

75. Spielregeln für das Leben

Das Thema liegt in der Luft. In Schulen und Kirchen, in Wirtschaft und Politik, überall wird über Werte gesprochen. Welche Spielregeln brauchen wir für ein friedliches und gedeihliches Miteinander, damit wir einander nicht die Köpfe einschlagen, damit wir uns nicht im kleinen oder großen Stil betrügen? Welche Spielregeln brauchen wir für einen pfleglichen Umgang mit der Schöpfung, mit begrenzten Ressourcen?

Spielregeln sind wichtig. Stellen Sie sich vor, Fußballer hätten keine, und Schiedsrichter könnten keine Rote Karte ziehen! Stellen Sie sich vor, wir hätten keine Straßenverkehrsordnung. Für jeden gilt, dass er in einer Ortschaft nur 50 Stundenkilometer fahren darf, auch für den mit einem roten Ferrari, auch für jemand, der sagt: »Ich lass mich doch nicht einengen, wer bin ich denn!«

Das Evangelium bietet einen großen Reichtum, um das Leben auf diesem Globus zu ordnen und positiv oder erträglich zu gestalten. Freiheit, Demokratie, Architektur, Musik – all das sind Früchte des christlichen Weltbildes. Denken wir an unsere Verfassung: »Die Würde des Menschen ist unantastbar.« – »Jeder hat ein Recht auf die Entfaltung seiner Persönlichkeit.« – »Männer und Frauen sind gleichberechtigt.« Die Grundrechte haben sich aus dem christlichen Menschenbild entwickelt. Die soziale Marktwirtschaft hat ihre Wurzeln in der christlichen Soziallehre. Es waren Christen, die sich um schwerstbehinderte Menschen gekümmert haben; jene, die von anderen abgeschoben wurden. Sie waren maßgeblich an der Entstehung von Krankenhäusern, Schulen und Hospizen beteiligt.

Der Glaube ist zunächst einmal etwas sehr Privates, ja fast Intimes – und gleichzeitig hat er eine Welt gestaltende Kraft. Die Predigt macht den Menschen innerlich stabil. Das ist das eine. Sie lässt ihn auch erkennen, wie er im Rahmen seiner Möglichkeiten für andere und anderes verantwortlich ist.

Ein großer Beitrag, den Christen zum Gelingen des Lebens einbringen können, sind die Zehn Gebote.

Wenn wir einen Gott haben, den wir Vater nennen, dann sind wir alle Geschwister. Allein über diesen Satz können wir zwei Wochen lang nachdenken. Wir gehören alle zu einer Familie. Miteinander reden ist besser als übereinander. Diese Binsenweisheit gilt für alle Bereiche – und wo sie beherzigt wird, öffnen sich Menschen, fassen sie Vertrauen und verlieren die Angst voreinander.

Im 4. Gebot geht es um Vater und Mutter, die wir ehren sollen. Das Gebot liegt vielen Frauen schwer auf den Schultern oder im Magen, wenn es moralisch verstanden wird. Immer lieb sein. Immer da sein. Keine Widerworte geben. Aber es geht um mehr, um das, was wir heute »Generationenvertrag« nennen, dass eine Generation für die andere da ist.

Das 5. Gebot legt uns den Schutz des Lebens ans Herz. Das ist ein weites Feld. Ich denke an Dorfhelferinnen, wenn sie anonym von dem erzählen, was sie in manchen Familien erleben, wie Menschen sich gegenseitig das Leben schwer machen.

 **Wo Gottes Wort nicht mehr gepredigt wird, wird das Volk wild.**

Wo Menschen keinen gemeinsamen Nenner haben, dem sie sich verpflichtet wissen, da geht es drunter und drüber. – Es heißt, Martin Luther, als Prediger brillant, sei 1530 in einen »Predigtstreik« getreten. Er sei frustriert gewesen, dass seine Predigten bei den Wittenbergern so wenig bewirkten.

76. Die Welt ist voll alltäglicher Wunder

Im ICE zwischen Stuttgart und Hannover saß eine Mutter mit ihrem zweijährigen Sohn neben mir. Der Junge war lebhaft, wie Kinder so sind. Die Mutter wirkte erschöpft. Sie freute sich auf ein Wochenende bei ihren Eltern. Es war ihr unangenehm, dass der Kleine laut war, mich ständig mit seinen klebrigen Fingern berührte und mit seinem Wurstbrot auf meiner hellen Hose Spuren hinterließ.

Dann stand der kleine Knirps vor mir, lächelte mich an und sagte: »Oma.« Er streckte mir seine (immer noch klebrigen) Hände entgegen und wollte auf meinem Schoß sitzen. Ich habe ihm viel erzählt, wir haben gelacht, Hoppe-Reiter gespielt – und waren glücklich! Für mich war das ein Wunder an Vertrauen und Nähe. So können nur Kinder sein. Die anderen erwachsenen Fahrgäste mit ihren Stöpseln im Ohr und den Laptops auf den Knien waren mit sich selbst beschäftigt.

Ein anderes Mal hatte ich einen Zug verpasst. Ich war fünf Minuten zu spät angekommen und musste anderthalb Stunden warten. Von wegen »Thank you for traveling …«, die hätten doch wohl warten können. Und nun saß ich in Herrenberg unweit des Schwarzwalds. Was sollte ich tun? Mal schauen, wie ich mir die Zeit vertreibe.

Von wegen »Zeit vertreiben«. Ich habe Schätze entdeckt. Die Stiftskirche am Schlossberg mit der Zwiebelhaube auf dem Turm, das Wahrzeichen der Stadt, die sich als eine der schönsten Fachwerkstädte Baden-Württembergs entpuppte. Ich bin durch schmale Gassen mit mittelalterlichem Flair geschlendert und habe den Wochenmarkt besucht, der um den Marktbrunnen aus dem 14. Jahrhundert aufgebaut war. Schade, dass die Zeit so kurz bemessen war. Ich hätte gerne noch einen Eiskaffee getrunken. So kann es gehen: Normalerweise wäre ich einfach an Herrenberg vorbeigefahren.

 Die Welt ist voll alltäglicher Wunder.

Ob Martin Luther sie wahrgenommen hat? Er, der große Denker, der seinen Kopf immer so voll hatte?

Jedes Kind ist ein Wunder für seine Eltern und Großeltern. Wer sich verliebt, wird das als Wunder erleben. Jeden Morgen werden die Vögel ohne Wecker wach und beginnen zu singen. Erst das Rotkehlchen, dann die Amsel, der Zaunkönig und der Spatz. Immer zur gleichen Uhrzeit.

Die Erde dreht sich am Äquator mit 1 700 Stundenkilometern und uns wird nicht schwindelig. Wenn ich zu meinem Finger sage: »Mach dich mal krumm«, dann macht der das. Ich staune über Safran, jenes Gewürz, das bekanntlich den Kuchen gelb macht. Es wird aus besonderen Krokussen gewonnen. Für ein Kilogramm Safran braucht man 150 000 Blüten.

Manchmal ruft jemand an und sagt: Ich habe gerade an dich gedacht! Was sind das für unsichtbare Verbindungen zu manchen Menschen, wenn wir spüren, bei dem musst du dich mal melden?

In Braunschweig sprach man von einem Wunder, als ein Unbekannter größere Summen an Bargeld hinterlegt hat, für eine Kindertagesstätte, die Suppenküche, die Hospizarbeit – oder auch für unverschuldet in Not geratene Menschen. Dem Geld war jeweils ein Artikel aus der Braunschweiger Zeitung beigefügt, in dem die Situation der Empfänger dargestellt wurde.

»Die Welt ist voll alltäglicher Wunder.« Mal erleben wir sie, mal wirken wir selbst daran mit.

77. Wo die Liebe wohnt

»Sammeln Sie unsere Treuepunkte?« So lautet die obligatorische Frage an der Kasse im Supermarkt. Ja, ich sammle fleißig – und wenn ich genug zusammenhabe, dann gibt es nette Geschenke zum kleinen Preis.

Männer sagen: »Ich muss unbedingt bei meiner Frau Punkte sammeln.« Warum? »Damit sie mir zugeneigt ist, damit sie nichts gegen die Fahrt zum auswärtigen Fußballspiel hat, nichts gegen mein aufwendiges Hobby – oder damit der Haussegen wieder ins Lot kommt. Ich hatte doch tatsächlich den Hochzeitstag vergessen – wie peinlich.«

Als kleine Kinder haben wir gelernt: Wenn du brav bist, dann sind alle mit dir zufrieden. Dieses Muster nehmen wir als »Aussteuer« mit ins Leben.

Wir meinen, wir müssten anderen stets aufs Neue beweisen, dass wir etwas können. Wir bemühen uns um gute Zeugnisse und um Anerkennung im Ehrenamt. Wir treten in die beruflichen Fußstapfen des Vaters. Wir werden so, wie Mutti uns haben möchte. Wir setzen uns unter Druck, um den Erwartungen anderer Menschen gerecht zu werden.

Martin Luther hat sich wie viele Menschen im 16. Jahrhundert mit der Frage gequält: »Bin ich vor Gott gut genug? Werde ich im Fegefeuer landen oder im Himmel?« Eine große Angst ging um. Sie wurde von dem Dominikaner Johann Tetzel heftig geschürt. Der verkaufte »Ablassbriefe« und versprach Gnade durch Bezahlung. »Wenn das Geld im Kasten klingt, die Seele in den Himmel springt.«

Luther hat ständig gebeichtet, wie unter einem Zwang. »Habe ich genug Punkte gesammelt? Ist Gott mit mir zufrieden?« Und dann hat er etwas erkannt, das ihn sagen und leben ließ: Gott liebt uns nicht, weil wir wertvoll sind – sondern wir sind wertvoll, weil er uns liebt.

Darum nämlich, weil sie geliebt werden,
sind die Sünder schön,
nicht aber werden sie geliebt, weil sie schön sind.

Um diese Wende geht es. Wir müssen und können uns die Liebe Gottes nicht verdienen. Sie wird uns geschenkt. Wer sich geliebt weiß, der wird schön, der ist entkrampft und traut sich etwas zu. Wer sich geliebt weiß, der ist locker und muss keinem etwas beweisen. In aller Freiheit kann er loslegen und entfalten, was in ihm steckt.

Was stellen manche Menschen alles auf die Beine, um anderen zu imponieren, um sich Zuneigung und Akzeptanz zu verdienen. Sie machen sich unentbehrlich, sie trainieren für deutsche Meisterschaften, sie pflegen große »Freundeskreise«, sie werden zu vielbeschäftigten Managern oder zeigen ein Bild von Haus und Garten, das reif für eine Illustrierte ist. Wir wissen alle, wovon die Rede ist.

Die französische Schriftstellerin Françoise Sagan hatte eine Lebensgeschichte voller Dramatik. Sie hat gesagt: »Es gibt ein Alter, in dem eine Frau schön sein muss, um geliebt zu werden, und dann kommt das Alter, in dem sie geliebt werden muss, um schön zu sein.«

Ein Mensch, der sich geliebt weiß, der bewegt sich anders, strahlt anders, spricht anders und packt sein Leben anders an als jemand, der ständig an sich zweifelt und meint, er müsse Punkte sammeln.

Gottes Liebe sucht nicht das Liebenswerte, sondern sie schafft es. Gottes Liebe sucht nicht die Wichtigen und Tüchtigen, sondern er bewirkt, dass Menschen in dieser Welt wichtig und tüchtig sein können.

Nicht auf Druck hin, sondern in aller Freiheit, von innen heraus.

78. Auf der Durchreise

»Was machen Sie beruflich?« – »Ich bin Bauingenieurin.« – »Das ist ja ein schöner Beruf. Da können Sie kreativ sein, Lebensräume schaffen, mit Formen, Farben und Materialien spielen. Sie kommen ganz nah dran an die Menschen, an ihre Philosophie. An dem, wie jemand wohnt, lässt sich viel ablesen von dem, wie er denkt und was ihm wichtig ist.«

Genau. Der Pastor hatte das gut ausgedrückt. Die Architektur ist ein großes und schönes Gebiet. Baustile haben viel mit dem Zeitgeist zu tun. In den 70er-Jahren haben wir Flachdachbungalows gebaut. Es folgten der Landhausstil, das Friesenhaus, das Mediterrane. Mittlerweile ist das Bauhaus neu im Kommen. Neben diesen Trends möchte jeder Bauherr etwas Individuelles, möchte seinem Lebensentwurf eine Gestalt geben.

»Wissen Sie, dass Sie in Ihrem Beruf auch verführen können?«, sagte mein Gesprächspartner. »Sie können die Menschen mit ihren schönen Häusern vergessen lassen, dass wir in dieser Welt alle nur auf der Durchreise sind!«

Er meinte das gar nicht moralisch. Er hatte selbst ein schönes Haus mit einem großen Wintergarten und einem gemütlichen Arbeitszimmer. Er meinte das anders: Wir Menschen sind auf der Durchreise. Der Jugend folgt das Alter, straffe Haut wird welk, tüchtige Arbeiter lassen es langsamer angehen, auf den goldenen Herbst folgt der Winter. Das Leben ist ein Cocktail aus lieben und loslassen müssen, die Welt bewegen und der Ruhe bedürfen, eine große Sportlerin sein und am Rollator gehen. Unsere Erdenzeit ist sehr begrenzt, selbst wenn wir 90 Jahre alt werden!

 Wir sind auf der Welt eilige Gäste.
Wir sind hier bloß wie in einem Wirtshaus,
wo man ein Glas Bier trinkt
und dann wieder weiterwandert, heimwärts.

Ich liebe an Luther, dass er große Wahrheiten in einer Sprache, die jeder versteht, auf den Punkt gebracht hat.

Für die Bibel hat er das so übersetzt: »Wir haben hier keine bleibende Stadt, sondern die zukünftige suchen wir« (Hebräer 13,14).

Wir Menschen hängen an unserem Zuhause, das wir mit viel Geschmack und großem Einsatz an Kraft, Zeit und Geld eingerichtet haben. Natürlich. Wir haben Freude an schönen Möbeln und Tischdecken, am wertvollen Porzellan und am Wohlfühlbad, an der perfekt ausgestatteten Küche und all den vielen Kleinigkeiten, die wir zusammengetragen haben.

Manche hängen mehr an Haus und Garten, manche weniger. Ich war ganz platt, als eine Freundin in meinem Alter sagte: »Wir werden uns bald etwas anderes suchen, wenn unser Sohn das Haus übernimmt.« Ihre innere Freiheit hat mich fasziniert. Sie klebte nicht an ihrem (wunderschönen!) Zuhause. Sie war frei. Sie war bereit für Veränderungen, für neue Wege.

Da muss ich wohl noch etwas reifen, um diese Leichtigkeit zu entdecken. Im Kopf ist der Gedanke, dass wir auf der Durchreise sind, bereits angekommen. Aber im Umgang mit Menschen und Dingen spüre ich, wie sehr ich an allem hänge.

Wäre ich in einer nomadischen Kultur groß geworden, hätte ich das Unterwegssein verinnerlicht. Aber ich bin von einer bodenständigen, dörflichen Kultur geprägt worden. Wir fühlen uns mit unserer Scholle und unseren Wegbegleitern eng verbunden.

Das Leben hier ist ein Provisorium. Was wird später sein? Gott wird sein, so oder so. Und wir sind in seiner Nähe. Hier und überall.

79. Sich ständig den Puls fühlen

Nach einem Herzstillstand haben ihm Ärzte einen Defibrilator implantiert. Für ihn ist das eine große Beruhigung, denn Herzkranke haben Angst. Die Fachleute nennen das »Cardiophobie«. Nach der Operation hat er dreimal täglich seinen Blutdruck und seinen Puls kontrolliert. Inzwischen hat er ein erstaunliches Gespür für seinen Körper entwickelt und kann dessen Signale in verschiedensten Lebenssituationen deuten. Die Freiheit vom ständigen Pulsfühlen tut ihm gut.

Auf sich achten, in sich hineinhorchen, die eigenen Stimmungen wahrnehmen und reflektieren, was ist – all das ist richtig und hilfreich. Manchen Menschen kann man diesen Blick nach innen sehr empfehlen.

Doch gleichzeitig gilt: Wer zu viel Nabelschau betreibt, ständig grübelt, ob er alles richtig gemacht hat, wie er bei den anderen angekommen ist, der muss aus seiner Selbstbespiegelung raus. Karl Valentin, der Münchener Komiker, hat gesagt: »Gestern in mich gegangen. War auch nichts los.« Das klingt heiter. Dahinter steckt ein großer Ernst. Wer immer nur um sich selbst kreist, dessen Gesichtsfeld ist erschreckend eng.

Frauen erzählen, dass sie dabei sind, ihre Kindheit und Jugend aufzuarbeiten, um sich selbst und den Weg, den sie gegangen sind, besser kennenzulernen. Auf ihrer Entdeckungsreise mit einem professionellen Begleiter kommen sie zu dem Ergebnis: Du hast viel Schimpfe und wenig Liebe bekommen. Du arbeitest deshalb so viel, weil du meinst, du müsstest dir die Zuneigung der anderen verdienen. Du bist mit dir selbst nicht im Frieden, darum hast du es auch mit anderen schwer.

Es ist eine wertvolle Hilfe, die prägenden Jahre des Lebens anzuschauen, um besser verstehen zu können, warum wir so geworden sind, wie wir jetzt sind. Es gibt bei fast jedem Menschen Ereignisse, die ausgesprochen und geklärt werden müssen, damit sie ihren Druck verlieren. – Aber wenn es raus ist, wenn wir Licht in dunkle Ecken gebracht haben, dann ist es auch an der Zeit, dass wir uns mit unserer Geschichte versöhnen. »Das war gestern! Du weißt, Gott! – Und nun bitte ich dich um einen Neuanfang. Ich möchte mich nicht mehr als Opfer von Menschen und Umständen fühlen. Ich schaue nach vorne, nicht zurück.«

Wir kommen nie aus unseren Traurigkeiten heraus,
wenn wir uns ständig den Puls fühlen.

Die Erde kreist um die Sonne. Das wollte man lange Zeit nicht wahrhaben. Sie erinnern sich. Die Kirche wollte nicht durch das Fernrohr schauen. Heute habe ich das Gefühl, dass manche Menschen die kopernikanische Wende noch vor sich haben. Sie kommen nicht aus ihrer Selbstumkreisung heraus. Sie sind für neue Gedanken, für Menschen und für Gott nicht offen.

Manchen tut die Stille gut, nach innen lauschen, meditieren. Anderen, die immer nur meditieren wollen, um sich selbst zu finden, denen müssen wir sagen: Beweg dich, dass dein Puls ab und zu auf mindestens 120 kommt. Beweg dich, komm in die Puschen, damit dein Kopf frei wird. Geh unter Menschen. Such dir eine sinnvolle Aufgabe.

Martin Luther spricht treffend von einem »Verkrümmtsein in sich selbst«. Für ihn war es entscheidend wichtig, abzusehen von sich selbst – von den vielen Baustellen in uns drin und um uns herum – und auf Jesus zu schauen, die Quelle von Heilung, Frieden und Klarheit.

80. Wir haben die Wahl

Unser Garten hat die stattliche Größe von 3 000 Quadratmetern. Es gibt viel zu tun. Wenn ich meine, fertig zu sein, dann kann ich von vorn anfangen.

Hecken schneiden, Wildkräuter im Zaum halten, Tomaten auskneifen, Terrassen fegen, Brennnesseljauche ansetzen, Rasen mähen, Kompost sieben, Zucchinipflanzen feucht halten, Minze, Melisse und Oregano zum Trocknen aufhängen, Hof fegen, Kübelpflanzen düngen und gießen.

Meistens genieße ich die Arbeit im Garten, aber vorhin, in einem kleinen Anflug von Schwäche, habe ich gedacht: Es ist nicht zu schaffen, bei all den anderen Dingen, auf die ich nicht verzichten möchte. Es ist alles zu viel. Aber ich habe ja keine Wahl. Es ist, wie es ist.

Stimmt das? Habe ich keine Wahl? Natürlich könnte ich etwas verändern, aber das hätte Konsequenzen, und die bereiten mir derzeit noch ein erhebliches Unbehagen.

Wer viel besitzt, muss auch viel Zeit und Kraft investieren. Will ich das und kann ich das leisten?

Wir haben die Wahl. Ich beginne mit einem Grundkurs: Welche der 22 Pizzavariationen wähle ich beim Italiener? Welche der 22 Joghurtsorten im Regal des Supermarktes? Was packe ich in den Koffer für die Reise nach Flandern? Gehe ich zu Fuß oder benutze ich die Rolltreppe? Will ich einem Menschen, der mich verletzt hat, ein versöhnliches Wort sagen oder möchte ich weiter mürrisch sein?

Jetzt steigern wir den Schwierigkeitsgrad: Welcher Beruf ist für mich der richtige? Welcher Partner? Wofür möchte ich mir Zeit nehmen und was kann ich getrost hinten anstellen? Wie muss meine Wohnung aussehen, damit ich mich wohlfühlen kann? Mit welchem Körpergewicht kann ich mich arrangieren und ab welchem sage ich: »Schluss, bis hierher und nicht weiter!«?

Wir haben die Wahl. Das Dumme ist nur, dass jede Entscheidung Folgen hat. Nehmen wir Abwertungen hin oder sagen wir: »Du, mit mir bitte nicht. Wenn dir etwas an mir liegt, dann geh bitte entsprechend mit mir um.« Menschen haben Erwartungen an uns. Das ist ihr gutes Recht. Wie wir auf diese Erwartungen reagieren, das entscheiden wir.

 Nur wer sich entscheidet, existiert.

Eine selbstbewusste junge Frau hat sich aus einer Frauenrunde in ihrer Nachbarschaft zurückgezogen. Sie wollte Verpflichtungen und Verabredungen reduzieren, weil ihr alles über den Kopf gewachsen war. In dieser Runde war es schon seit Langem nicht mehr so prall. Nun hat sie ihre Freiheit – und sitzt manches Mal traurig zu Hause, wenn sich die anderen treffen.

Entscheidungen haben Auswirkungen. Stress und Unzufriedenheit entstehen meist dann, wenn wir Ja sagen, aber Nein meinen, wenn wir etwas tun, was wir im Grunde genommen gar nicht wollen.

Entscheidungen müssen sein. Die Natur lehrt uns das mit großer Anschaulichkeit. Entweder kann hier eine Korkenzieherhasel wachsen oder der Lavendel. Entweder kann sich hier eine Fetthenne ausbreiten oder der Dill. Beides zusammen geht nicht!

Sollte ich mich mit meinem Mann irgendwann für eine kleine Wohnung in Hamelns Altstadt entscheiden, muss ich auf meinen Bauerngarten und das schöne Haus verzichten, aber ich gewinne dann etwas, das mich in anderer Weise bereichert.

Wir haben die Wahl. Viel öfter, als wir denken. Wir entscheiden mit, wie die Stimmung in unserem Umfeld ist, wie unsere Beziehungen aussehen, was wir aus unseren Tagen machen, ob wir Gott in unser Leben hineinbitten oder nicht.

81. Heilende Kräfte

Ein Mann liegt im Krankenhaus. Nach einer Operation kommt er nicht wieder auf die Beine. Die Befunde sind unauffällig, aber der Mann hat keinen Mumm. Es wird und wird nicht besser mit ihm. Was ist los? Am Wochenende kommen die Enkelkinder zu Besuch. Das Kleinste ist fünf Jahre alt. »Opa, du wolltest mir doch eine Schaukel bauen. Wann kommst du denn endlich wieder nach Hause? Ich freue mich schon so lange darauf!« Von da an wurde es besser mit dem Opa. Er machte große Fortschritte und ein paar Tage später konnte er das Krankenhaus verlassen.

Es ist erstaunlich, welche heilenden Kräfte von der Liebe und von der Nähe eines Menschen ausgehen können.

Im Neuen Testament (Markus 2,1-12) wird von einem Mann erzählt, der gelähmt ist. Wir wissen nicht, ob er einen Bandscheibenvorfall oder eine spinale Stenose hatte. Es ist auch möglich, dass das Leben ihn lahmgelegt hatte. Das gibt es, dass starke Männer auf einmal zusammenbrechen. Was im Einzelnen passiert ist, welche Geschichten der Mann im Gepäck hat, wissen wir nicht. Männer sprechen ja nur ungern über das, was in ihnen vorgeht. Zu bestimmten Themen wird in der Männerwelt viel geschwiegen.

Zum Glück hatte der Gelähmte Freunde. Gute Freunde. Die machen nicht viele Worte. Die packen zu. Ihr Freund soll wieder auf die Beine kommen. Sie ziehen alle Register, die sie zur Verfügung haben.

Selbst können sie ihm nicht helfen, also bringen sie ihn dahin, wo sie Hilfe erwarten: zu Jesus, der Menschen an Körper und Seele, was ja meistens eng zusammengehört, heilen kann!

Weil das Haus, in dem Jesus sich aufhält, von vielen Menschen umringt ist, weil also kein Rankommen möglich ist, klettern sie aufs Dach und ziehen ihren Freund auf seiner Trage hoch. Dann machen sie sich mit Spitzhacke, Hammer und Meißel ans Werk. Sie schlagen ein Loch ins Dach. Freunde gehen durch dick und

dünn, sogar durch ein Dach, wenn es sein muss. Als sie ein aus-
reichend großes Loch ins Dach geschlagen haben, lassen sie ihren
Freund auf seiner Trage an Seilen herunter, direkt vor die Füße des
predigenden Jesus. Haben Sie das Bild vor Augen?

Jesus ist angesichts dieser Fantasie und Dreistigkeit perplex. »Ist
das ein Glaube!« – »Mein Sohn, deine Sünden sind dir vergeben. –
Was dich von Gott trennt, was dich krank macht, was dich am
Leben und am Vertrauen hindert, das nehme ich von dir.«

Glauben! Die Männer in dieser Geschichte verstehen darunter
keine großen Worte. Sie lassen nicht locker, in dieser Welt nicht
und bei Gott auch nicht. Da muss doch etwas möglich sein. Wenn
der Freund sich nicht helfen kann, dann helfen wir. Wenn der
Freund jetzt nicht glauben kann, dann glauben wir für ihn.

Wenn der Mut bleibt
und nicht gebrochen wird,
so bleibt auch der Leib stark.

Wenn der Mut bleibt, wenn das Vertrauen bleibt, wenn die Hoffnung und die Liebe bleiben, dann sind heilende Kräfte im Umlauf.
Kräfte, die auch den Körper stark machen.

Sie grübeln über Ihre Vergangenheit? Lassen Sie es. Sie lassen
sich von Ihrer Unvollkommenheit lähmen? Lassen Sie es. Geben
Sie das Beste, das Ihnen möglich ist. Das reicht. Sagen Sie nicht
immer »meine Wenigkeit«, wenn Sie sich vorstellen. Sie sind wertvoll. Egal, was Sie lähmt, stehen Sie auf und fangen Sie neu an!

Martin Luther hat etwas erkannt, was sein Leben verändert hat.
Er hat erfahren, was Gnade ist – und welche heilenden Kräfte für
Körper, Seele und Geist davon ausgehen.

82. Freunde fürs Leben

»Porzellan und Hühnerei gehen ach so schnell entzwei. Aber unsere Freundschaft hält, bis die Welt in Stücke fällt.« – Diesen Spruch habe ich in einem »Freundschaftsbuch« gefunden, dem Nachfolger des in meiner Kindheit beliebten »Poesiealbums«.

Freundschaften sind ein besonderer Schatz. Sie entstehen im Kindergarten, in der Schule, beim Sport, im Urlaub, bei einem Krankenhaus- oder Kuraufenthalt, durch gemeinsame Erlebnisse oder dadurch, dass wir »etwas miteinander zu tun haben«.

Wir entdecken, dass wir die gleiche Wellenlänge mit einem Menschen haben, dass wir uns mögen oder ein gleiches Schicksal teilen. Wir erzählen, was wir sonst eher unter Verschluss halten. Bei einer Freundin oder einem Freund wissen wir uns in einem geschützten Raum. »Ohne Freund kommt einem nichts freundlich vor«, hat es der Kirchenvater Augustinus ausgedrückt.

Meine Mutter erzählt heute noch von den Menschen im Dorf, die 1950 geholfen haben, dass wir, mit wenig Geld, dafür mit ganz viel Eigenleistung, mit Freunden, die zugepackt haben, ein Haus bauen konnten. Freundschaft und Zusammenhalt, »einer trage des anderen Last«, das war damals existenziell wichtig.

Als wir im Bekanntenkreis zusammen gefeiert haben, wurde einer zu fortgeschrittener Stunde ganz nachdenklich: »Wer ist denn wirklich an deiner Seite, wenn du Hilfe brauchst?« Ja, wer ist da, wenn es schwer ist? Wer schaut jeden Tag kurz vorbei oder ruft an, kocht eine Suppe und stellt ein paar Blumen vor die Tür? Wer signalisiert immer wieder: »Ich bin da, wenn du mich brauchst«?

Wir müssen erst viel mit einem anderen erlebt haben, wir müssen erst viel miteinander geredet, gefeiert, geklärt und geweint haben, bis wir sagen können: »Das ist mein Freund!«

Ich denke an eine Frau, die ich gerne als »Freundschaftsmensch« bezeichne, weil sie schnell und intensiv Zugang zu anderen findet. Bei ihr ist mir aufgefallen, was gute Freundschaften auszeichnet.

Diese Frau ist mit sich selbst im Reinen. Sie geht ihren Weg, und wenn andere ein Stück mitgehen möchten, sind sie herzlich eingeladen. Sie beansprucht keine Exklusivrechte an einem Menschen, sie mag kein »Klammern«. In ihrer Nähe darf jeder sein, wie er ist. Sie spricht sehr offen über Gott und die Welt und sich selbst. Das lädt andere zur Offenheit ein. Sie spricht nie schlecht über andere – das gibt jedem die Sicherheit: »Was ich sage, ist gut aufgehoben.« Sie kann sich von Herzen mitfreuen, wenn jemandem etwas gut gelungen ist, wenn es Anlass zur Freude gibt. Wen wundert's, dass sie von vielen geachtet und geliebt wird und überall gerne gesehen ist!

Wer sich Freunde wünscht, das ist eine alte Weisheit, der fange an, sich selbst und anderen ein Freund zu sein.

Gott zum Freunde haben
ist tröstlicher,
denn aller Welt Freundschaft zu haben.

Martin Luther hatte – gerade in der Wittenberger Zeit – gute Freunde an seiner Seite. Das Universalgenie Philipp Melanchthon, den Seelsorger Johannes Bugenhagen, den Probst Justus Jonas, den berühmten Maler Lucas Cranach d. Ä. und dessen Frau Barbara.

Die Freundschaft mit Gott war für Luther der größte Schatz. Befreundet sein mit dem Anfänger und Vollender des Lebens. Befreundet sein mit der Gnade, mit der Liebe und der Weisheit – das war für Luther die Mitte, um die sich alles drehte.

83. Wollen und Vollbringen

Ein Mensch erblickt das Licht der Welt. Ob er ein Wunschkind ist oder eine Folge von »unverhofft kommt oft«, kann er sich nicht aussuchen. Bevor die Eltern ihr Kind gedacht, geplant und gezeugt hatten, war es schon längst bei Gott »in der Mache«. Die Frau ist schwanger geworden. Das war ein Ergebnis von biologischen Gesetzmäßigkeiten und einer großen Liebe. Dass eine Frau schwanger werden kann, ist keine Selbstverständlichkeit.

Der Mensch hat kein Mitspracherecht, wenn es darum geht, wo er geboren wird, ob im Schaumburger Land, in New York oder Kalkutta. Er kann nicht entscheiden, ob er als Schwarzer oder als Weißer zur Welt kommt, als Arbeiterkind oder Prinz, ob man in seiner Familie den Koran liest oder die Bibel, ob er Zeitgenosse der Hildegard von Bingen oder von Dr. Margot Käßmann wird.

Wir können weder unsere Schuhgröße noch die Beschaffenheit unserer DNA bestimmen.

Was ist vorherbestimmt und worauf können wir Einfluss nehmen? Das ist die spannende Frage, die uns immer wieder einmal beschäftigt.

Der Mann, den ich geheiratet habe – habe ich ihn mir ausgesucht oder er mich, wie er immer wieder betont? Hat uns »die Liebe« überwältigt oder hat uns Gott füreinander bestimmt?

Hätte ich Entwicklungen und Ereignisse in meinem Leben durch mehr Aufmerksamkeit, Einsatz und Versöhnlichkeit verhindern können? Oder mussten sie sein – damit ich klug werde und damit andere klug werden?

Was ist vorherbestimmt und worauf können wir Einfluss nehmen?

Wir können routiniert und vorausschauend Auto fahren. Damit ist nicht garantiert, dass nie etwas passiert. Wir können uns gesund ernähren, viel Sport treiben und positiv denken. Trotzdem können wir von äußerst unschönen Krankheiten heimgesucht werden.

Daraus könnte man jetzt folgern: Dann schickt Gott uns etwas ins Leben und wir haben gar keine Chance, die Annahme zu verweigern. Was kommen soll, das kommt sowieso. Sind wir Marionetten in der Hand eines großen Puppenspielers? Spulen wir ein Programm ab, das längst festliegt?

Ich stoße hier an meine Grenzen und halte es mit Carl Gustav Jung, dem Schweizer Psychiater, der sagte, er wisse von Gott weniger als eine Ameise vom Britischen Museum.

Gott ist es,
der in euch wirket beides,
das Wollen und das Vollbringen,
nach seinem Wohlgefallen.

Gott hat uns seinen Willen kundgetan. Dass sein Wille geschieht, hat er uns Menschen anvertraut.

Der neue Pastor geht durch seine Gemeinde. Er schaut in die Häuser, in die Gärten und auf die Felder. Er kommt bei einem Bauern vorbei, dessen Äcker nicht besonders ordentlich bestellt sind. »Ja, ja, Herr Pastor«, klagt der Bauer, der nicht gerne arbeitet. »Wir haben hier einen schlechten Boden. Da muss man schon einige Vaterunser extra beten, wenn es was werden soll.« – »Blödsinn!«, antwortet ihm der Pastor. »Da hilft kein Vaterunser, da muss Mist und Dünger drauf!«

Wo gedüngt werden muss, dürfen wir uns nicht mit einem Vaterunser aus dem Staub machen! Wo Menschen auf Hilfe oder eine Klärung warten, da verstecken Sie sich nicht hinter der Rede vom freundlichen Gott. Wozu haben wir unseren Verstand, unsere Talente, unser Herz, wenn wir das alles nicht in Gebrauch nehmen?

Dass die Blumen in unserem Garten gegossen und gedüngt werden, das ist unser Part. Das Gedeihen liegt bei Gott.

84. Im Bilde sein

»Google« macht es möglich. Menschen von heute haben einen ungeahnten Zugang zu den Quellen des Wissens und der Weisheit. Ob wir Lebensläufe suchen, Rezepte, Gedichte, Hintergründe, Übungen für den Beckenboden, Häkelmuster, Ölpreise oder Predigten. – Voilà, es ist angerichtet!

Bildung ist ein wertvolles Gut. Wir müssen Bescheid wissen, um im Tagesgeschehen, bei gesellschaftlichen Entwicklungen, in der Heimatgeschichte, in Kultur, Pädagogik und Gesundheit mitreden zu können. Wer Kinder hat, der mag sich auf die vielen Warum-Fragen gut vorbereiten. Sie fragen, wer den Vögeln ihren Weg zum Winterquartier zeigt, wie aus der Raupe ein Schmetterling wird, wie Igel sich küssen, wo die Babys herkommen, was die Ritter gegessen haben – und wo der Opa jetzt ist.

Gebildet zu sein, das ist auch Lebenskompetenz. Wie kommen wir aus mit dem Einkommen? Wie kann man streiten und sich später wieder in die Arme nehmen? Wie lernen wir zu improvisieren, aus dem etwas zu machen, was uns das Leben an Zutaten zur Verfügung stellt? Wie gelingt es uns, mit Gewinnen und Verlieren umzugehen?

Wer gebildet ist, der ist gut aufgestellt.

Im Zug saß ich mit zwei jungen Männern zusammen. Einer las die Zeitschrift »Buddhismus heute«, der andere las den Koran – und ich »Ein Mensch namens Luther« von Georg Gremels. Auf zwei Quadratmetern begegneten sich drei Religionen. Damit wir ins Gespräch kommen können, die Angst voreinander verlieren, ist es wichtig, dass wir über unseren Glauben Auskunft geben können.

Zur Zeit Martin Luthers konnten nicht einmal fünf Prozent der Bevölkerung lesen. Luther wollte gebildete Menschen. Jeder sollte selbst in der Bibel lesen können. Von dieser Idee können wir gar nicht hoch genug denken. 1529 hat er ein »Handbuch des christlichen Glaubens« herausgegeben, den Kleinen Katechismus. Darin hat er mit verständlichen Worten zusammengefasst, was jeder Christ unbedingt über die Zehn Gebote, das Glaubensbekenntnis, das Vaterunser, die Taufe und das Abendmahl wissen muss. Luther wollte Bildung für alle, nicht nur für die wenigen, die es sich leisten konnten.

Wissen wir denn, was wir glauben? Wissen wir etwas vom Buddhismus, vom Judentum, vom Islam? Luther würde es als Niveaulosigkeit seiner Kirche bezeichnen, dass so wenig in der Bibel und in den Lehrtexten gelesen wird.

> Du sollst nicht begehren deines Nächsten Haus.
> Was ist das?
> Wir sollen Gott fürchten und lieben,
> dass wir unserem Nächsten
> nicht mit List
> nach seinem Erbe oder Haus trachten
> und mit einem Schein des Rechts an uns bringen,
> sondern ihm dasselbe zu behalten
> förderlich und dienlich sein.

Luther sieht das Wohlergehen der Gesellschaft, das Wertebewusstsein, die Handlungskompetenz, die innere Stabilität des Menschen und den Frieden im Zusammenhang mit der Bildung.

Die Türen zur Bildung stehen weit offen. Der Geigenunterricht für die Kleinen nach der Suzuki-Methode, die Reformpädagogik, Volkshochschulkurse für Excel, PowerPoint, Rhetorik und Literatur, ein Seniorenstudium, das breit gefächerte Programm der Landfrauen.

Bei alledem ist es an der Zeit, Christen wieder ganz neu an vergessene Glaubensschätze heranzuführen.

85. Unvollkommen vollkommen sein

Sabotage im Weizenfeld. Da hat einer bei Nacht und Nebel Unkraut auf den Acker gesät. Disteln, Quecken und Kletten.

Wie schön könnte alles sein, eine Reinkultur ohne Kraut. Warum wächst ständig etwas anderes mit? »Unkraut ist die Opposition der Natur gegen die Regierung der Gärtner.« Das ist eine ernste Sache, lieber Oskar Kokoschka. Kennen Sie Giersch?

Unser Leben könnte harmonisch sein, wenn sich nicht ständig etwas beimischen würde, was unsere Konzepte, Wünsche und Tage verändert.

Nehmen wir die Liebe. Sie kann beglückend sein, kann Menschen reich und stark und selig machen. Und gleichzeitig wird aus keinem anderen Grund in dieser Welt mehr geweint und gelitten als um enttäuschter und verlorener Liebe willen.

Nehmen wir die Familien. Sie können ein warmes Nest sein, in dem wir uns gut aufgehoben wissen und stabil werden für die Herausforderungen des Lebens. Doch ständig mischt sich etwas anderes dazu. Wir reiben uns aneinander. Es gibt Krach und Kampf und Krampf!

Haben Sie von den Puristen gehört? Das sind Leute, die alles in Reinkultur möchten. Nur gut, vorbildlich und moralisch einwandfrei soll es sein.

Was kommt dabei heraus? Was ich mir verbiete, das holt mich irgendwann mit voller Wucht ein. Was ich nicht wahrhaben will, das wird sich seinen Weg suchen. Wenn nach außen heile Welt präsentiert wird, können wir davon ausgehen, dass hinter den Kulissen noch etwas anderes läuft.

Die keine Unkräuter haben wollen,
erreichen nur so viel damit,
dass kein Weizen unter ihnen ist.

Blühen und Verwelken, Gelingen und Scheitern, Lieben und Aneinander-Leiden, Tüchtigkeit und Schwäche, Hagel und Sonnenschein. Es gibt das eine nicht ohne das andere.

»Ich bin ein Gerechter und ein Sünder zugleich«, sagt Martin Luther. »Simul iustus et peccator.« Es ist ein besonderes Merkmal seiner Theologie, dass er von Gegensätzen spricht. Der große Gott macht sich ganz klein. In unsere Armut kommt sein Reichtum, in unsere Schwäche seine Kraft, in unsere Erbärmlichkeit sein Glanz.

Wir kennen Vertrauen und Zweifel, Getröstetsein und nicht wissen, wo wir mit unserem Kummer hin sollen. Wir sind Suchende und solche, die schon viel gefunden und erkannt und verstanden haben.

Gott ist der, der sich in seiner Liebe und seiner Herrlichkeit entdecken lässt als der, der Menschen verwandeln, heilen und beflügeln kann. Gott ist auch der Verborgene, an dem wir uns reiben, den wir nicht verstehen. Er hat eine dunkle Seite, die uns Angst macht.

Martin Luther war nicht vollkommen. Wie er mit den Juden umgegangen ist, das war so schlimm, dass einige heute noch sagen: Komm mir nicht mit Luther. Und gleichzeitig hat er das Geheimnis von Gottes Gnade neu entdeckt. Gnade, die den Menschen aufatmen lässt, ihm seinen Wert und seine Würde gibt. Oft war er grob in seinen Urteilen – und konnte doch gleichzeitig sehr feinfühlig sein.

Wir alle sind voller Gegensätze und Widersprüche. Ich bin verständnisvoll, eine Seele von Mensch – und dann bricht genau das Gegenteil auf: Ich bin verletzend und jähzornig. Manchmal ernte ich Ruhm und ein andermal ist es sehr unrühmlich, was ich abliefere.

Wir sind Sünder und Gerechte zugleich: unvollkommen. Wir sind unvollkommen und dennoch aufgehoben in Gottes Vollkommenheit.

86. Der Schatz der Kirche

Wir kommen aus unterschiedlichen Berufen, sind Lehrerinnen, Ärzte, Handwerker, Verwaltungsangestellte, Ingenieure, Hausfrauen, Diakoninnen und MTAs. Als Lektoren und Prädikanten gestalten wir Gottesdienste und Andachten in den Gemeinden und Pflegeeinrichtungen im Kirchenkreis Grafschaft Schaumburg.

Es war ein langer Weg, bis die Ehrenamtlichen in den Gemeinden anerkannt wurden. »Wo ist denn der Pastor?«, wurde anfangs gefragt.

Inzwischen sind sie herzlich willkommen. Sie stehen mit beiden Beinen im Leben und erzählen von ihren Erfahrungen im Glauben, von dem, was sie inspiriert, ermutigt und getröstet hat, welchen Zuspruch und Anspruch sie im Evangelium finden, wie sie im Vertrauen auf Gott ihren Weg gehen. »Da steht einer wie du und ich.« Die Gemeinde hört genau hin und schaut gleichzeitig, wie die Lektorin oder Prädikantin von Montag bis Samstag lebt, was sie am Sonntag gepredigt hat.

Alle Christen sind wahrhaft geistlichen Standes.
Ein Schuster, ein Schmied, ein Bauer,
ein jeglicher hat seines Handwerks Amt und Werk,
und doch sind alle gleichermaßen
geweihte Priester und Bischöfe,
und ein jeglicher soll mit seinem Amt und Werk
den anderen nützlich und dienlich sein.

Was Martin Luther hier formuliert hat, das rüttelte an den Fundamenten der Kirche. Es war eine Revolution. Jeder getaufte Christ hat unmittelbaren Zugang zu Gott. Er braucht keine Maria, keine Heiligen, keinen Pastor. Die Rede vom »Priestertum aller Gläubigen« stellte das herkömmliche Kirchenverständnis infrage. Ob wir uns vorstellen können, was da los war?

Mittlerweile ist es »typisch evangelisch«, die Bibel zu lesen, in Verantwortung vor Gott zu leben und für seine Überzeugung einzustehen. Die »Versorgungskirche« von früher ist von einer »Beteiligungskirche« abgelöst worden. Um den bekannten Vergleich mit einem Fußballspiel aufzugreifen: Früher hatten die Gemeinden einen Feldspieler, das war der Pastor. Der war Stürmer, Libero und Torwart in einer Person – und 500 Leute auf der Tribüne schauten ihm zu. Heute spielen viele mit. Die Kirche lebt vom Engagement ihrer Mitglieder. Je mehr ihr Talent, ihre Zeit, sich selbst einbringen, desto lebendiger geht es in den Gemeinden zu. Sie bekommen Ausstrahlung! So, dass andere sagen: Das ist ja erstaunlich, was die alles auf die Beine stellen, wie die füreinander da sind.

Bin ich mit dem Bild vom »Priestertum aller Gläubigen« zu weit vorgeprescht? Luther hat sich diese Kirche gewünscht – und konnte sie noch nicht umsetzen. Die Zeit war nicht reif dafür. Und heute? Haben wir viele Menschen, die von diesem Gedanken begeistert sind?

Einer kann malen, eine spielt Klavier oder Querflöte. Einer hat Freude am Tanzen und eine ist Expertin für Gedächtnistraining. Einer betreut Kinder bei den Hausaufgaben und eine liebt Bücher so sehr, dass sie eine kleine Gemeindebücherei aufbaut. Diesen Schatz gilt es in unseren Gemeinden zu entdecken und zu pflegen.

Ehrenamtliche dürfen segnen, für andere beten, zuhören, wenn jemand über seine Not sprechen möchte – von einigen gehen sogar heilende Kräfte aus.

Menschen werden die Kirche immer weniger wegen ihrer großen Worte aufsuchen, sondern hinschauen, ob in ihr etwas von der Liebe und vom Geist des Jesus Christus zu spüren ist.

87. Tischgespräche

Gemeinsame Enkelkinder verbinden. Es gibt viel zu erzählen, viel zu bedenken und zu organisieren. Wir treffen uns gern im doppelten Oma-Opa-Team zum Pizzaessen. Dabei sprechen wir über Gott und die Welt, über Musik, besuchte Ausstellungen und den Garten, über Bücher und Alltägliches, vor allem über die Enkel, wie sie sich entwickeln, welches Spielzeug und welche Bilderbücher gerade favorisiert werden.

Sich zusammensetzen, das tut gut. Am Tisch sind wir einander besonders nahe und beim Essen spricht es sich gut. Wir nehmen Anteil und wir geben Anteil. Wenn Menschen sich etwas zu sagen haben, dann ist das etwas sehr Wertvolles. Das verbindet und schafft Vertrauen. Und wenn interessante Themen »auf den Tisch kommen«, dann wird es spannend und lebendig, dann sind die Gespräche ein Gewinn.

Bei Luthers in Wittenberg saßen regelmäßig viele Studenten am Tisch. Sie wollten die neue Lehre kennenlernen und mit dem Reformator ins Gespräch kommen. Eifrig schrieben sie mit, was Martin Luther an Weisheit und Erkenntnis von sich gab.

Die Tischreden waren ihnen mindestens so wichtig wie die Vorlesungen. Luther konnte gut plaudern. Die Studenten hingen an seinen Lippen. Was er über die kleinen und großen Dinge des Lebens zu sagen hatte, das hatte es in sich. Er nahm kein Blatt vor den Mund, redete Klartext. Seine Sprache war derb und deutlich, halb lateinisch und halb deutsch. Während in einigen Klöstern bei Tisch geschwiegen wird oder die Mönche geistlichen Lesungen oder sakraler Musik lauschen, ging es bei Luthers sehr lebhaft zu.

Katharina Luther ärgerte sich oft darüber, dass die Männer vor lauter Reden und Hören das Essen kalt werden ließen. Manchmal fragte sie sich, ob die Männer überhaupt bemerkt hatten, was sie in der Küche und mit großem Aufwand an Köstlichkeiten zubereitet hatte.

Die Tischreden von Martin Luther sind berühmt geworden. Viele seiner bekannten Sprüche sind daraus entnommen.

Eines guten Redners Amt oder Zeichen ist,
dass er aufhöre, wenn man ihn am liebsten höret
und meinet, er würde erst kommen;
wenn man ihn aber mit Überdruss und Unwillen höret,
und wollte gerne, dass er aufhörete
und zum Ende und Beschluss käme,
das ist ein böses Zeichen.
Also auch mit einem Prediger,
wenn man sagt: »Ich hätte ihm wohl noch länger
mögen zuhören«,
so ist's gut; wenn man aber sagt:
»Er war in das Waschen kommen
und konnte nimmermehr aufhören«,
so ist's ein bös Zeichen.

Gemeinsame Mahlzeiten sind heute nicht mehr selbstverständlich. Das ist schade, denn an einem Tisch sitzen, zusammen essen und trinken verbindet. Jeder kommt mit dem, was ihn bewegt, vor. In manchen Familien ist der Tisch hübsch gedeckt, mit Blumen und Kerzen. Es wird ein Gebet gesprochen oder ein Lied gesungen.

Die Kinder erzählen aus der Schule. Alles kommt auf den Tisch, die neuesten Nachrichten aus der Nachbarschaft, die Träume der letzten Nacht, der Zoff mit einer Freundin, der Ölpreis und die Rückenprobleme von Tante Jutta. Nicht nur der Magen kommt zu seinem Recht, es gibt auch reichlich Kost für die Seele und den Geist.

Bei Jesus hatte das gemeinsame Essen eine große Bedeutung. »Sehet und schmecket, wie freundlich der Herr ist.« Hoffentlich ist davon an unseren Tischen etwas zu spüren.

88. Gutes sagen

»Net gschimpft isch gnug globt!«, sagen die Schwaben. Sie gelten als sparsam – auch mit dem Lob. Dabei wissen wir, dass wir mit einem Lob viel Gutes tun. Wir können aus einem Menschen etwas herauslocken, ihm Mut machen. Jeder braucht Wertschätzung.

Mark Twain hat gesagt: »Von einem guten Kompliment kann ich zwei Monate leben.« Da ist etwas dran. Viele Menschen haben Defizite an Anerkennung. Wann sind Sie das letzte Mal gelobt worden?

Wenn der Freundin etwas gut gelungen ist, wenn der Kollege eine hübsche Krawatte trägt, wenn die Nachbarin ihren Vorgarten in eine blühende Oase verwandelt hat, dann ist das allemal ein Lob wert.

Menschen, die nörgeln, kritisieren und etwas schlechtreden, haben wir genug. »Das Fernsehprogramm ist echt zum Abgewöhnen, beim Griechen mussten wir endlos lange aufs Essen warten – und was die Schwiegermutter sich geleistet hat, das ist unter aller Kanone.« Solche Bemerkungen sind uns vertraut. Wer sorgt für ein Kontrastprogramm und sagt, worüber er sich gefreut hat, was ihm positiv aufgefallen ist?

Ein Hund muss gelobt werden, das lernen Frauchen und Herrchen beim Training in der Hundeschule. Wenn der Hund sich richtig verhalten hat, dann wird das durch Loben, Streicheln oder ein Leckerli positiv verstärkt.

Und wir Menschen? Ein Lob ist wie eine Vitaminspritze. »Wie schön, deine Stimme zu hören.« – »Das Rote-Bete-Carpaccio war spitze.« – »Wie freundlich von dir, dass du einen Platz für mich freigehalten hast.« – »Gratuliere, die neue Frisur steht dir ausgezeichnet.«

Stellen Sie sich vor, Sie bekommen einen Brief, in dem steht: »Weißt du eigentlich, wie viel du mir bedeutest? Wie oft hast du mir Mut gemacht, mich aus meiner Grübelfalle herausgeholt. Wie oft hast du mir den Rücken gestärkt, hast mich ertragen, wenn ich mein Supergirl-Kostüm ausgezogen hatte. Manchmal denke ich, du bist mir vom Himmel geschickt worden. Du bist ein Schatz für mich!«

Es ist kein Mensch so böse,
dass nicht etwas an ihm zu loben wäre.

Martin Luther weist uns auf etwas sehr Wichtiges hin. Selbst ein Knieselpott hat gute Seiten. Wenn wir wüssten, was manche Menschen an Demütigungen und Verletzungen im Gepäck haben, dann würden wir anders mit ihnen umgehen. Sie sind beschimpft und allein gelassen worden, haben nie die Liebe bekommen, nach der sie sich gesehnt haben.

Gerade diese Menschen brauchen das Lob, das gute Wort. Gerade die, die im Abseits stehen, die ständig übersehen werden, die Zicken, Grummelheinis und Schlechtredner, die Nachbarn, die sich über alles aufregen, was Spuren von Lebendigkeit in sich trägt, die unzufriedenen Patienten und Paragraphenreiter, auch die »Beratungsresistenten«.

Wenn wir ihre Geschichten hören könnten, würden wir verstehen, warum sie in sich selbst gefangen sind, nicht aus ihrer Haut herauskönnen. Sie brauchen Güte, möchten gut gesprochen werden. Auch sie sind Kinder der Liebe, über denen am Anfang der Satz stand: »Du bist wertgeachtet in meinen Augen. Ich habe dich bei deinem Namen gerufen, du bist mein!«

Es ist nicht immer leicht, schwierigen Menschen mit viel Verständnis zu begegnen – aber genau das entspricht dem Menschenbild Jesu. Das gute Wort sagen. Im Lateinischen heißt das »benedicere« – segnen.

Geben wir reichlich Lob, gute Worte und Segen – oder sollten unsere Hunde großzügiger beschenkt werden als die Menschen?

89. Glaube nicht alles, was du hörst

Kennen Sie das Spiel »Stille Post«? Da wird ein Satz von einem Teilnehmer zum anderen ins Ohr geflüstert. Aus »Ich habe mir eine rote Hose gekauft« wird am Ende der Flüsterkette »Die Nachbarin hat eine Dose Fisch geklaut!«. Bei der »Stillen Post« sind Lacherfolge garantiert. – Was passiert bei der Weitergabe? Einer hat es akustisch nicht richtig verstanden, es wird verdreht und übertrieben, es kommt zu einer Mischung aus Dichtung und Wahrheit.

Zwei Menschen haben es schwer miteinander. Einer der beiden vertraut sich uns an, sucht Verständnis, Rat und Trost. Wenn er seine Geschichte erzählt, nicken wir mit dem Kopf, können seine Sicht und sein Verletztsein gut verstehen, fühlen uns auf seiner Seite. Es gibt aber nicht nur seine Sicht. Wir würden uns vielleicht wundern, wenn wir die Geschichte des anderen Beteiligten hören würden.

Oma sagte früher immer: »Das ist wahr, das hat in der Zeitung gestanden!« Auch unsere Journalisten interpretieren nur nach ihrem Weltbild und ihrem Erfahrungshorizont.

Glaube nicht alles, was du hörst.
Liebe nicht alles, was du siehst.
Sage nicht alles, was du weißt.
Tue nicht alles, was du willst.

Martin Luther wünschte sich Menschen, die sich selbst eine Meinung bilden.

»Glaube nicht alles, was du hörst!«

Wir erleben heute hochbegabte Redner. Sie haben Ausstrahlung, einen umfangreichen Wortschatz und eine großartige Allgemeinbildung. Sie sind brillant. Ob das auch wahr ist, was sie sagen, ist ein anderes Thema. Bei manchen kunstvoll verschachtelten, mit

Fremdwörtern gespickten Sätzen weiß der Zuhörer am Schluss gar nicht mehr, was der Redner gesagt hat. »Der kann aber reden« heißt noch nicht, dass er auch etwas zu sagen hat.

Im Mittelalter haben die Menschen ungefragt die Meinung der Kirche übernommen. Mit Luther steht ein Mann auf und sagt: »Das ist nicht wahr, wie ihr das Evangelium auslegt und predigt.«

»Sage nicht alles, was du weißt!«

Ein Mann kam ganz aufgeregt zum weisen Sokrates gelaufen. »Ich muss dir unbedingt etwas erzählen!« – »Moment, lieber Freund. Hast du das, was du mir sagen willst, durch die drei Siebe laufen lassen?« – »Drei Siebe, was meinst du damit?« – »Das erste Sieb ist die Wahrheit. Hast du geprüft, ob es wahr ist, was du mir erzählen willst?« – »Nein«, sagte der Mann, »ich hörte es von anderen.« – »So, so! Sicher hast du es aber mit dem zweiten Sieb geprüft. Es ist das Sieb der Güte. Ist das, was du mir erzählen willst, gut?« – »Nein, gut ist es nicht. Im Gegenteil.« – »Aha«, sprach Sokrates, »so lass uns noch das dritte Sieb anwenden und lass uns fragen, ob es notwendig ist, mir das zu erzählen, was dich erregt.« – »Notwendig ist es nicht, aber …« – »Mein Freund, wenn das, was du mir erzählen willst, weder erwiesenermaßen wahr noch gut noch notwendig ist, so belaste dich und mich nicht damit!«

»Tue nicht alles, was du willst!«

Abends, wenn ich zur Ruhe komme, meldet sich der Appetit auf etwas Schönes, auf eine Belohnung. In der Gefriertruhe liegt noch das leckere Eis mit der Mandelkruste. Ich könnte uns auch noch einen Strammen Max machen. Aber ich verkneife es mir, weil ich mich am nächsten Morgen mit dieser Entscheidung wohler fühlen werde.

Der Lutherspruch hat es verdient, dass er sichtbar in der Wohnung aufgehängt wird.

90. Was sagen denn die Leute?

Alle, die im ländlichen Raum zu Hause sind, kennen diesen Satz zur Genüge. Mich begleitet er seit 58 Jahren. Ich habe ihn mit der Muttermilch aufgesogen.

»Was sagen denn die Leute?« – In einem Dorf wird viel geredet. Über die anderen. Es wird zum Thema, wie die Wäsche auf der Leine hängt, wie oft die Fenster geputzt werden, ob das Grab der Eltern gepflegt ist und ob die Kinder der zugezogenen Nachbarn grüßen. Wenn eine Frau ohne ihren Ehemann zum Erntefest gegangen ist und auch noch getanzt hat, ja, das gehört sich doch nicht.

»Man« tut bestimmte Dinge nicht. »Man« hat gelernt, den Erwartungen der anderen gerecht zu werden, nicht aufzufallen, schon gar nicht unangenehm. Weil gerade wir Frauen mit einem ausgeprägten Harmoniebedürfnis ausgestattet sind, möchten wir niemandem einen Grund bieten, dass er sich den Mund über uns zerreißt.

»Was sagen denn die Leute?« Im Berufsleben wird der Mensch an dem gemessen, was er leistet. Tüchtig soll er sein, gesellschaftskonform, korrekt, sympathisch und beliebt. Er kennt die In- und Out-Listen seiner Umgebung und entscheidet sich treffsicher für »in«. Er weiß, wann es Zeit zum Reden ist und wann er lieber seinen Mund halten sollte. Wenn er klug ist, präsentiert er ein Bild von sich, das ankommt und honoriert wird, auch wenn er dafür strampeln muss. Wer sich gut in Szene setzen kann, ist im Vorteil.

Tragisch ist, wenn jemand sein Selbstwertgefühl von anderen abhängig macht. Er legt sein Wohlbefinden in die Hände von anderen Menschen, macht sich abhängig von deren Meinung. Bekomme ich Beifall, fühle ich mich gut. Werde ich kritisiert, fühle ich mich schlecht. Damit gebe ich anderen große Macht über mich, verhalte mich wie ein Chamäleon, das sich stets seiner Umgebung anpasst. Die Anerkennung der anderen ist mir wichtiger, als mir selbst treu zu bleiben. Das Urteil der anderen bedeutet mir mehr als mein eigenes.

Viel wichtiger als das,
was Menschen von mir halten, ist,
was Gott von mir hält.

Martin Luther hat reichlich Gegenwind bekommen. Er hatte Feinde, allen voran die römische Kurie, den Papst, der ihm eine Bannbulle schickte, und den Kaiser, der ihn mit der Reichsacht belegte. Trotzdem ist er seinem Weg treu geblieben, dem, was ihn getrieben hat.

»Was sagen denn die Leute?« war nicht sein Thema. Ihm war wichtiger, was Gott über ihn sagt.

Es ist ein langer Weg, um dahin zu kommen, dass wir keinem mehr etwas beweisen müssen oder wollen. Es ist ein langer Weg, bis wir sagen können: »Ich lebe, was für mich stimmig ist, was ich vor Gott als richtig und wichtig erkannt habe. Ich muss mich nicht mehr verbiegen, um jedermanns Liebling zu sein. Ich lass mich nicht mehr von dem, was andere reden, verrückt machen.«

Wilhelm Busch hat gesagt: »Wie wolltest du dich unterwinden, kurzweg die Menschen zu ergründen. Du kennst sie nur von außenwärts. Du siehst die Weste, nicht das Herz.«

Andere Menschen sehen nur unser Äußeres. Sie ahnen nicht, wie viel Ballast wir abwerfen möchten, um mit leichtem Gepäck unterwegs zu sein. Sie ahnen nicht, was wir alles loslassen möchten, um gelassener zu sein. Sie ahnen nichts von dem, was unser Leben schön und schwer gemacht hat. Sie ahnen nichts von der Sehnsucht und von dem Kampf, den wir kämpfen.

Lassen Sie die Leute reden.

91. Eine feste Burg

Die kleine Dorfkirche in meiner Heimatgemeinde Kathrinhagen stammt aus der Romanik. Sie ist 800 Jahre alt und spiegelt den Geist und den Glauben der damaligen Zeit wider. Damals wurden Kirchen wie Burgen gebaut, bei uns sogar mit einem Wehrturm. Wenn dem Dorf Gefahr drohte, fanden die Menschen im Turm einen sicheren Zufluchtsort.

Die dicken Mauern der Katharinenkirche vermitteln den Eindruck, als wären sie für die Ewigkeit geschaffen. So fest und unerschütterlich, wie man die Kirche baute, war damals auch der Glaube an Gott. Der Innenraum strahlt Geborgenheit aus. Ich weiß mich mit allem, was ich mitbringe, gut aufgehoben!

Durch kleine, rundbogige Fenster fällt nur wenig Licht in den Innenraum. Auch an hellen Tagen ist es halbdunkel und geheimnisvoll. Die Menschen der Romanik drückten mit dieser Architektur aus, dass Gott von einem großen Geheimnis umgeben ist.

Ein feste Burg ist unser Gott,
ein gute Wehr und Waffen.
Er hilft uns frei aus aller Not,
die uns jetzt hat betroffen.
Der alt böse Feind mit Ernst er's jetzt meint;
groß Macht und viel List sein grausam Rüstung ist,
auf Erd ist nichts seinsgleichen.
Mit unsrer Macht ist nichts getan,
wir sind gar bald verloren;
es streit' für uns der rechte Mann,
den Gott hat selbst erkoren.
Fragst du, wer der ist? Er heißt Jesus Christ,
der Herr Zebaoth, und ist kein andrer Gott,
das Feld muss er behalten.

Der Text und die Melodie des Liedes sind von Martin Luther. Er hat es in Anlehnung an Psalm 46,2 geschrieben: »Gott ist unsre Zuversicht und Stärke, eine Hilfe in den großen Nöten, die uns getroffen haben.«

»Ein feste Burg« ist die Hymne der Reformation. Gott ist wie ein Fels in der Brandung, egal, wie stürmisch es in uns und um uns herum ist. Mit diesem Lied machten sich die Menschen Mut, die Heilkraft und den Trost des Glaubens, die Stärke Gottes zu entdecken!

Uns Heutigen fällt es schwer, dieses Lied zu singen. Die Sprache ist uns fremd und der Inhalt auch. Versuchen wir, die Zeit damals, 1529, zu verstehen. Es gab Scheiterhaufen, auf denen Ketzer verbrannt wurden. Die Pest ging um, ebenso die Angst vor dem Teufel und dem Fegefeuer.

Das Lied ist missbraucht worden. Soldaten sind damit in den Krieg gezogen. Wir wollen das nicht vergessen.

Und gleichzeitig sagt es in einzigartiger Weise und Kraft: Wenn alles bricht, wenn dir genommen wird, was dir lieb ist, ist Gott deine feste Burg. Mag sein, dass Luther die Wartburg vor Augen hatte, als er das Lied schrieb. Dort lebte er von 1521 bis 1522 als »Junker Jörg« inkognito. Kurfürst Friedrich der Weise hatte ihn in Sicherheit bringen lassen, als Schutz vor der Reichsacht.

Einen Ort der Geborgenheit, fest und uneinnehmbar wie eine Burg, suchen wir alle. Wir spüren, dass die Sicherheiten dieser Welt nicht halten, was sie uns versprechen. Wir spüren, wie wackelig der Boden ist, auf dem wir stehen. Einen Ort der Geborgenheit suchen wir, an dem wir die Schotten dicht machen können. »Bis hierher und nicht weiter.« Das Lied der Reformation ist alt, aber es ist ein Bekenntnis, das Gott Großes zutraut.

Eine »innere Burg«, sagt Teresa von Avila, die spanische Mystikerin, ist der Ort, an dem Gott in einem Menschen wohnt, der Ort, zu dem nichts und niemand Zutritt hat. Aus diesem geschützten Raum heraus lässt es sich gut leben.

92. Wie du lebst, redet lauter als das, was du sagst

Bevor ein Mensch das erste Wort sagt, hat er schon etwas mitgeteilt. Ohne Worte, durch kleine Gesten, durch seine Haltung und seinen Blick. Stellen Sie sich vor, ein Freund würde sie mit »Herzlich willkommen, schön, dass du da bist« begrüßen – und er stünde regungslos da, mit verschränkten Armen. Was stimmt denn nun? Das »herzlich willkommen« oder seine Haltung? Müsste er nicht die Arme öffnen und auf Sie zugehen, wenn sein Innerstes meint, was seine Worte sagen?

Manche Menschen betreten einen Raum und haben andere für sich gewonnen. Was ist ihr Geheimnis? Ist es ihre Ausstrahlung, ihre Körpersprache, die Art und Weise, wie sie sprechen, ihr Tonfall? – Es gibt auch Menschen, die können noch so kluge und große Worte machen, es bleibt kalt um sie herum.

Unser Körper hat längst gesprochen, bevor unsere Worte hinterherkommen.

»Wenn du wissen willst, wie es um einen Menschen bestellt ist, besuch ihn nicht am Sonntag, sondern am Mittwoch oder Donnerstag. Schau hin, wie er lebt.« – So hat es mir ein lebenserfahrener Mann mit auf den Weg gegeben.

Wie gehe ich mit den vielen Kleinigkeiten, die das Leben ausmachen, um? Wie lebe ich im Alltag von Montag bis Samstag mit dem, was ich am Sonntag im Gottesdienst in der Kirche gehört oder gepredigt habe?

Martin Luther war ein Mann des Wortes, darum erstaunt es, wenn er diesen Satz sagt:

Ein Christ soll wenig Wort
und viel Tat machen.

Die Menschen achten mehr auf unser Leben als auf unsere Worte. Das beste Beispiel sind die kleinen Kinder. Wir können ihnen viel Kluges erzählen, das, was wir ihnen vorleben, redet allemal lauter. Eine freundliche Geste kann bei einem Menschen mehr bewirken als ein brillanter Vortrag. Eine kleine Hilfe zur rechten Zeit hinterlässt einen größeren Eindruck als eine Predigt über Nächstenliebe. Ob ein Mensch uns wohlgesonnen ist oder nicht, nehmen wir mit einer feinen Antenne wahr, ohne Worte.

Mahatma Gandhi, der berühmte indische Pazifist, hat sich intensiv mit dem christlichen Glauben beschäftigt. Die Bergpredigt sah er als Vorbild für gelingendes Leben. Einige christliche Missionare fragten ihn, was sie denn tun müssten, damit die Hindus die Botschaft der Bergpredigt annähmen. Gandhi sagte: »Denken Sie an das Geheimnis der Rose. Alle mögen sie, weil sie duftet. Also duften Sie, meine Herren!«

Wie wir leben, redet lauter als alles, was wir sagen. Strahlen wir Wärme aus? Lassen wir andere ausreden? Sind wir versöhnlich? Wie gehen wir mit den Kleinen und Schwachen um? Wie wohnen wir? Es gibt Menschen, die »duften« nach dem Evangelium.

Stellen Sie sich vor, Sie sitzen vor einer Menükarte mit den tollsten Gerichten und bekommen nichts zu essen. Worte brauchen eine Gestalt. Wenn immer nur über Liebe geredet wird, wen macht das glücklich?

Ich weiß, wir schaffen nicht immer das, was wir uns vornehmen. Aber dies kann uns die Richtung zeigen: Ich achte auf meine allernächste Umgebung, als wär's ein Bild von mir. Ich achte auf meinen Lebensstil, denn er spricht lauter von mir als meine Worte. Ich achte auf meine Umgangsformen, damit das, was ich von der Größe des Lebens, von Gott verstanden habe, sich in meinem Verhalten widerspiegelt.

93. Alles hat seine Zeit

Jedes Lebensalter hat seine Chancen und seine Herausforderungen, seine Lust und seine Last, seine Engpässe und weiten Räume.

In der Kindheit bekommen wir unser Startkapital in die Wiege gelegt. Wir können uns nicht aussuchen, welche Schuhgröße und welche Konstitution wir bevorzugen. Wir werden von Eltern und Lehrern, von Filmen, Büchern und von dem, was wir Zeitgeist nennen, geprägt. In der Kindheit werden die Weichen für die Entwicklung unserer Persönlichkeit gestellt. Ob wir uns etwas zutrauen und mit Mumm an die Aufgaben herangehen, die vor uns liegen. Oder ob wir uns fühlen wie ein graues Mäuschen, voller Komplexe stecken und bei allem ängstlich fragen: »Na, werde ich das schaffen?«

Es ist ein Unterschied, ob wir in der Zeit des Krieges groß geworden sind oder zu Beginn des dritten Jahrtausends. Es ist ein Unterschied, ob wir sparsam sein mussten oder mit der Erfahrung lebten: »Es ist immer genug da, du kannst aus dem Vollen schöpfen!«

Wenn wir in der Mitte des Lebens angekommen sind, dann haben wir uns eingerichtet und unseren Stil gefunden. Wir sind auf der Höhe der Leistungskraft, in den besten Jahren. So schön diese Jahre sind, sie sind auch mit viel Arbeit gefüllt. Wer etwas aufbauen möchte, wer im Beruf vorankommen möchte, der muss jetzt ran. Wer Kinder hat, der wird in Bewegung gehalten. Viele Frauen möchten Beruf und Familie vereinen und haben das Gefühl, sie können beidem nicht so gerecht werden, wie sie es möchten. Wir ziehen große Kreise, sind in XXXL unterwegs, haben alles schön gemacht. Und dann? Viele merken: Ich habe keine Zeit für mich selbst. Das, was mir wichtig ist, kommt zu kurz. Ich habe ein Pensum aufgepackt, das ich auf Dauer nicht bewältigen kann. Der Körper sagt: »Stopp! Du kannst nicht immer über deine Kräfte leben. Du hast Grenzen!«

Wer im zwanzigsten Jahr nicht schön,
im dreißigsten Jahr nicht stark,
im vierzigsten nicht klug,
im fünfzigsten nicht reich ist,
der darf danach nicht hoffen.

Im reiferen Alter ist die Zeit der großen Aktivität vorbei. Die Berufstätigkeit neigt sich dem Ende zu. Es gibt Freiräume, Gelegenheiten zum Genießen. Es ist die Zeit der Ernte. Jetzt wird deutlich, was aus unseren Jahren gewachsen ist, Schönes und nicht so Schönes.

Aus dem Früchtchen ist eine Frucht geworden, die Tage werden kostbar. Wir können Wichtiges vom Unwichtigen unterscheiden. Wir haben reichlich Lebenserfahrung gesammelt, wissen jetzt, was trägt und was nur schmückendes Beiwerk ist.

Im Alter gibt es viel buntes Leben. Wir können Neues lernen und wagen, können kreativ sein. Es gibt alte Menschen, die mit einer großen Weisheit ins Weite blicken. Und es gibt die, die starrsinnig werden, die verbittert sind und sich über alles Schöne, das ihnen jeder Tag, trotz aller Einschränkungen, zu bieten hat, nicht freuen können. An der Einstellung, an unserem Weltbild und Glauben entscheidet sich viel, wie wir das Alter leben.

Die Zeit, die wir gestalten können, ist das Jetzt. Viele sagen: Später, wenn es ruhiger wird, wenn ich mehr Zeit habe, dann … Wir wissen, dass wir uns damit etwas vormachen, wenn wir das Gute, das wir vorhaben, ständig aufschieben.

Wer Ja sagen kann zum großen Fluss des Lebens, der ist gut dran. Er darf wissen: Das Schönste liegt noch vor uns.

94. Hinterher ist man immer schlauer

»Leben lässt sich nur rückwärts verstehen, muss aber vorwärts gelebt werden.« Dieser weise Ausspruch von Sören Kierkegaard, dem dänischen Philosophen und Theologen, bewahrheitet sich immer wieder.

Hätte ich doch nicht ständig über meine Kräfte gelebt. Jetzt brauche ich viel Zeit und Geduld, um wieder ins Gleichgewicht zu kommen.

Hätte ich im Facebook bloß nicht so viel von mir preisgegeben. Was war ich naiv! Bei den Bewerbungsgesprächen holen mich die Dummheiten von damals ein – und ich werde sie nicht wieder los. Einmal im Netz, immer im Netz!

Hätte ich mir damals doch mehr Zeit für die Kinder genommen – jetzt kann ich nur hoffen, als Großmutter eine Chance für alles Versäumte zu bekommen.

Hätte ich mich doch nicht immer so vollgepackt und dabei zu leben vergessen. Ich habe den Blick für das Wesentliche verloren. Zum Genießen und Schönmachen hatte ich keine Zeit.

Jahrelang bin ich das brave Mädchen gewesen, das keine Widerworte gegeben hat. Inzwischen habe ich gemerkt: Es geht nicht. Es macht dich kaputt! Hätte ich den Menschen, die mich im Laufe der Jahre immer mehr vereinnahmt haben, doch schon früher Grenzen gesetzt.

Hätte, wäre, wie konnte ich nur … Hinterher ist man immer schlauer!

Kennen Sie die Geschichte von dem Frosch, der in heißes Wasser geworfen wird? Was macht er? Er springt raus! Natürlich, was denn sonst! Was macht ein Frosch, den man in kaltes Wasser setzt und dieses ganz langsam erhitzt, bis es kocht? Er bleibt im Wasser und merkt nicht, was mit ihm passiert!

Kann es sein, dass wir uns an manches im Lauf der Zeit gewöhnt haben? Wir haben nicht gemerkt, wie sehr es uns schadet. Hätte ich doch schon früher. Ich hatte von einem zu viel und vom anderen zu wenig!

Im Rückblick sehen wir manches klarer.

 Die Wege Gottes sind wie ein hebräisches Buch,
das man nur von hinten lesen kann.

Die Zeit war reif für Umbrüche und Neuanfänge, für eine Reformation. Martin Luther war auf einen einzigartigen Weg gerufen worden. Er hat Großes vollbracht. Er hat schlimme Fehler begangen.

Ich weiß nicht, ob es richtig ist, was ich tue. Ich weiß nicht, was dabei herauskommt. Ich weiß nicht, was ich damit in Bewegung setze und anrichte. Aber ich kann nicht anders! Später werden wir verstehen, warum alles so kommen sollte!

Ich frage mich oft: Warum musste das sein? Warum musste ich mich so oft blamieren? Warum bleiben uns bestimmte Wege nicht erspart?

Mag sein, dass es in der Ewigkeit eine große Fragestunde geben wird, in der wir auf die vielen »Warums« unseres Lebens Antworten bekommen, in der alle Rätsel und alle Ungereimtheiten aufgeklärt werden. Wir dürfen gespannt sein!

Aber wir leben jetzt! Wir müssen jetzt entscheiden, wie wir etwas anpacken wollen, mit der Einsicht und der Kraft, die wir jetzt zur Verfügung haben.

Am liebsten wäre uns ein Navigationsgerät, aus dem uns eine freundliche Stimme sagt, wohin wir gehen, was wir sagen und was wir tun sollen. Soweit ich informiert bin, ist auch auf der nächsten Cebit in Hannover nicht mit einem solchen Gerät zu rechnen. Wir müssen selbst entscheiden, immer wieder.

Es ist eine Beunruhigung und ein Trost zugleich: »Die Wege Gottes sind wie ein hebräisches Buch, das man nur von hinten lesen kann.«

95. Den Tag rund machen

Wenn die Enkelkinder ins Bett gebracht werden, gibt es bestimmte Rituale. Eben haben sie noch getobt, sind Fahrrad gefahren, haben als Feuerwehrmann einen Brand gelöscht, nun müssen sie »runterfahren« von 100 auf 10. Sie hören eine Geschichte, wir singen ein Lied, blicken noch einmal auf den Tag zurück und beten zusammen.

Auch Erwachsene brauchen gute Rituale, um vor dem Einschlafen zur Ruhe zu kommen. Es geht sich nicht leicht in die Nacht mit den Tagesthemen und drei Tatort-Toten, wenn wir voll sind mit Eindrücken von einem Besuch oder bis spät in den Abend gearbeitet haben.

Wie gelingt das »Runterfahren« bei uns? Ein paar Seiten lesen, ein kurzer Spaziergang, Musik hören, Entspannungsübungen, eine warme Dusche, einen Melissentee, bei mir selbst und bei Gott ankommen – jede hat ihre Erfahrungen gesammelt.

Wie oft liege ich wach im Bett und komme nicht zur Ruhe. Nur weil es jetzt still um mich herum ist, ist es ja noch lange nicht still in mir. Ganz im Gegenteil. Ich bin müde, aber viele Gedanken und Bilder schwirren mir im Kopf herum. Manche Geschichten, die weitergegangen sind als bis zum Ohr. Diese dumme Situation, als ich voll ins Fettnäpfchen getreten bin. Ob ich morgen alles bewältigt bekomme, was auf der To-do-Liste steht? Dass ich nur nicht vergesse, den Müll an die Straße zu stellen.

Alles, was zu erledigen ist, schreiben wir am besten auf. Dann ist der Kopf frei und sagt: »Du kannst jetzt abschalten und schlafen. Ich bringe das morgen zur Wiedervorlage.«

»Abschalten.« Gibt es das Wort erst, seitdem wir Fernseher haben? Manche haben ihn sogar am Bett, mit Zeitschaltuhr. Verrückt, oder?

Ich atme tief ein und aus – und lasse los: die kranke Freundin, die beiden, die sich miteinander quälen, die überforderte Tochter, den Gedanken an die anstehende Untersuchung, das, was ich nicht geschafft habe, was mich aufwühlt. Tief einatmen und ausatmen. Was hat den Tag reich gemacht? Was war gut? Was habe ich genossen? Wo habe ich mich frei gefühlt? Die Engländer sagen: »Count your blessings« (Zähle deine Segnungen). Ich möchte mit schönen Bildern in die Nacht gehen. »Gott, ich habe es so gut gemacht, wie ich konnte. Nun lass mich ruhig schlafen – und bitte, arbeite du noch einmal nach, wo etwas offen geblieben ist.« Einatmen – ausatmen.

Des Abends, wenn du zu Bett gehst,
kannst du dich segnen mit dem Zeichen
des heiligen Kreuzes und sagen:
Das walte Gott Vater, Sohn und Heiliger Geist. Amen.
Darauf kniend oder stehend das Glaubensbekenntnis
und das Vaterunser.

Willst du, so kannst du dieses Gebet sprechen:
Ich danke dir, mein himmlischer Vater, durch Jesus
Christus, deinen lieben Sohn,
dass du mich diesen Tag gnädiglich behütet hast, und bitte
dich, du wollest mir vergeben alle meine Sünde,
wo ich Unrecht getan habe,
und mich diese Nacht auch gnädiglich behüten.
Denn ich befehle mich, meinen Leib und meine Seele und
alles in deine Hände. Dein heiliger Engel sei mit mir, dass
der böse Feind keine Macht an mir finde.
Alsdann flugs und fröhlich geschlafen!

»Alsdann flugs und fröhlich geschlafen«, das gefällt mir am besten.

Egal, wie unser Abendritual aussieht, welches Gebet wir sprechen, welche Entspannungsübung wir kennen, wichtig ist diese Erfahrung: dass wir ruhig werden, dass wir bei uns selbst und bei Gott ankommen – und den Frieden spüren. Alles ist gut.

Die wichtigsten Daten auf einen Blick

10. November 1483

Martin Luther wird in Eisleben geboren.

Sein Vater Hans Luther stammt aus einer Bauernfamilie in Möhra. Er war Bergmann, später auch Ratsherr.

Seine Mutter Margarethe war Tochter einer angesehenen Familie aus Eisenach.

Martin wird am Tag nach seiner Geburt getauft, auf den Namen des Tagesheiligen, Martin von Tours.

1484–1497

Kindheit und Schulzeit in Mansfeld (Lateinschule).

Es ist die Zeit, in der Christoph Kolumbus Amerika entdeckt.

1498–1501

Luther besucht die Pfarrschule St. Georgen in Eisenach. Er lebte bei Verwandten seiner Mutter, bei den Familien Schwalbe und Cotta.

1501

Beginn eines philosophischen Grundstudiums in Erfurt. Luther erwarb Kenntnisse über die Lehren des Aristoteles und des Thomas von Aquin. Es war die Zeit des Übergangs vom Mittelalter zur Neuzeit.

2. Juli 1505

Luther kommt bei Stotternheim in ein schweres Gewitter und gelobt in Todesangst, Mönch zu werden.

Eintritt in das Augustiner-Kloster in Erfurt. Luther entdeckt die Bibel und stellt fest, dass in den Evangelien wesentlich mehr zu entdecken ist, als er von der Kirche her kannte.

1507

Im Erfurter Dom St. Marien wird Martin Luther zum Priester geweiht. Er war getrieben von der Frage: »Wie bekomme ich einen gnädigen Gott?«

1508

Theologiestudium im Wittenberg. Luther lernt die Theologie des Wilhelm von Ockham kennen, der Gottes Freiheit und die Willensfreiheit des Menschen betont.

1510/1511

Luther reist mit einem Bruder in Ordensangelegenheiten nach Rom.

Auf Knien rutscht er auf der Treppe zur Laterankirche nach oben, um Sündenvergebung zu erlangen – und um seine verstorbenen Verwandten aus dem Fegefeuer zu befreien.

Michelangelo arbeitet an seinen Fresken in der Sixtinischen Kapelle.

1512

Luther promoviert zum Doktor der Theologie und erhält einen Lehrauftrag an der Universität von Wittenberg.

1515

Vorlesungen über den Römerbrief. »Der Gerechte wird aus dem Glauben leben.«

1517

Der Dominikanermönch Johann Tetzel verkauft Ablassbriefe. »Sobald das Geld im Kasten klingt, die Seele in den Himmel springt.«

31. Oktober 1517

Veröffentlichung der 95 Thesen gegen den Ablass.

1518

In der »Heidelberger Disputation« durfte Luther seine Theologie erörtern.

Angeklagt wegen »notorischer Ketzerei« wird er im Oktober durch den päpstlichen Legaten Cajetan in Augsburg verhört. Er bleibt bei seiner Meinung und sagt, dass er nicht widerrufen könne.

1520

Luther veröffentlicht seine reformatorischen Hauptschriften »Von der Freiheit eines Christenmenschen« und »An den christlichen Adel deutscher Nation«.

Papst Leo X. droht ihm mit dem Kirchenbann.

1521

Reichstag in Worms.

Luther wird vor Kaiser Karl V. verhört.

Ein kaiserliches Edikt erklärt Luther zum Staatsfeind (Reichsacht). Er gilt als vogelfrei.

Der sächsische Kurfürst Friedrich der Weise lässt Luther entführen und auf die Wartburg bringen. Dort lebt er als »Junker Jörg« und übersetzt das Neue Testament vom Griechischen ins Deutsche – in elf Wochen!

1523

Luther wird vom Rat der Stadt zum Pfarrer an der Schlosskirche zu Wittenberg gewählt.

1524

Luther feiert die erste Messe in Deutsch.

1525

Bauernkrieg. In der Schlacht bei Bad Frankenhausen gibt es mehrere Tausend Tote.

5. Mai 1525
Luther heiratet die entlaufene Nonne Katharina von Bora.

1526–1534
Martin und Katharina Luther wohnen im »Schwarzen Kloster« in Wittenberg.
Sechs Kinder werden geboren:
Johannes, Elisabeth (stirbt mit 9 Monaten), Magdalena (stirbt mit 13 Jahren), Martin, Paul und Margarethe.

1534
Erste Gesamtausgabe von Luthers Bibelübersetzung.
Dank der Erfindung des Buchdrucks verbreiten sich Luthers Schriften mit rasanter Geschwindigkeit im ganzen Land.

1540
Pestjahr in Deutschland. In Wittenberg erkranken viele Menschen. Luthers bleiben in der Stadt.

1545
Luthers gesammelte Werke erscheinen.

18. Februar 1546
Luther stirbt am 18. Februar in Eisleben.
Die Söhne Johannes, Paul und Martin sind bei ihm.
Unter großer öffentlicher Anteilnahme wird Luther von Eisleben nach Wittenberg überführt und in der Schlosskirche beigesetzt.

1552
Katharina Luther stirbt.

1555
Im Augsburger Religionsfrieden wird die gegenseitige Anerkennung zwischen den beiden Konfessionen vereinbart.

Quellen

Hinweise:
In der Zitatensammlung www.evangeliums.net müssen der Autor sowie ein Stichwort eingebeben werden, um das Zitat zu erhalten.
WA: Weimarer Ausgabe

Vorwort. »Da fühlte ich mich wie neugeboren ...«, in: Dietrich Steinwede (Hrsg.). Erzählbuch zur Kirchengeschichte 2. Göttingen/Freiburg/Lahr: Kaufmann, 1987, S. 29f.

1. Luthers Morgensegen. Evangelisches Gesangbuch. Ausgabe für Niedersachsen und Bremen, 1994, Nr. 815.
2. Martin Luther. Von der Freiheit eines Christenmenschen (1520). Hamburg: Siebenstern-Verlag, 1964, S. 162.
   Joachim Gauck. Freiheit – ein Plädoyer. München: Kösel-Verlag, 2012, S. 37.
3. Martin Luther. Brief an seine Frau Katharina.
4. Im Original: Martin Luther. Von der Freiheit eines Christenmenschen (1520). Hamburg: Siebenstern-Verlag, 1964, S. 169.
5. Zitate Datenbank, http://www.evangeliums.net/zitate/suche.php, 09.11.2012.
   Margret Wanner. Treffend gesagt. Gießen/Basel: Brunnen-Verlag, 1989, S. 65.
6. Martin Luther. Brief an Philipp Melanchthon, 1521. WA Br. 2, S. 372.
7. Luther. Deutsch. (Tischreden 639).
8. Martin Luther. WA 7, S. 336.
9. Jörg Buchna. Luthers neue Wochensprüche. Selbstverlag, 2010, 30. Woche.
   Evangelisch-Lutherische Landeskirche Hannover, http://www.sprengel-ostfriesland.de/luthers-wochensprueche/, 01.12.2012.
10. Jörg Buchna. Luthers neue Wochensprüche. Selbstverlag, 2010, 47. Woche.

11. Zitate Datenbank, http://www.evangeliums.net/zitate/suche. php, 09.11.2012.

12. Zitate Datenbank, http://www.evangeliums.net/zitate/suche. php, 09.11.2012.
Cicely Saunders: Zitate, http://www.zitate-online.de/sprueche/ historische-personen/16868/es-geht-nicht-darum-dem-leben-mehr-tage.html, 29.11.2012.

13. Zitate Datenbank, http://www.evangeliums.net/zitate/suche. php, 09.11.2012.

14. Martin Luther. Praefatio zu den Symphoniae secundae. WA 50, S. 370f.
Der Zarewitsch: Volksliederarchiv, http://www.volksliederar chiv.de/text1216.html, 29.11.2012.

15. Martin Luther. WA 31 I, S. 437.
Arthur Rubinstein: Zitate.de, http://www.zitate.de/kategorie/ Klavier/, 29.11.2012.

16. Sprücheportal, http://www.spruecheportal.de/religioese_sprue che.php. 14.11.2012.

17. Zitate Datenbank, http://www.evangeliums.net/zitate/suche. php, 09.11.2012.

18. Zitate Datenbank, http://www.evangeliums.net/zitate/suche. php, 09.11.2012.
Evangelisches Gesangbuch. Ausgabe für Bayern und Thüringen, 1994, Nr. 416.

19. Evangelisch.de, http://ww2.evangelisch.de/themen/religion/neu er-katechismus-soll-christen-orientierung-geben25213, 08.02.2013.

20. Tischreden 6712.

21. Tischreden 3314.
Ernst Ferstl: 1001 Aphorismen, http://www.aphorismen.de/dis play_aphorismen.php?search=9&sav=1247&hash=e6d8545daa 42d5ced125a4bf747b3688&page=9, 29.11.2012.

22. Zitate Datenbank, http://www.evangeliums.net/zitate/suche. php, 09.11.2012.

23. Zitate Datenbank, http://www.evangeliums.net/zitate/suche. php, 09.11.2012.
24. Jörg Buchna. Luthers neue Wochensprüche. Selbstverlag, 2010, 5. Woche.
25. Zitate Datenbank, http://www.evangeliums.net/zitate/suche. php, 14.11.2012.
26. Jörg Buchna. Luthers neue Wochensprüche. Selbstverlag, 2010, 18. Woche.
   Christentum.ch, http://www.christentum.ch/luther.htm, 29.11.2012.
   Mechthild von Magdeburg: Arbeitsstelle für Frauenseelsorge der Deutschen Bischofskonferenz, http://www.frauenseelsor ge.de/htdocs/index.php?sID=0102&lan=de, 29.11.2012.
27. Martin Luther. Der große Katechismus, Auslegung zum 1. Gebot.
28. Martin Luther. Aus tiefer Not schrei ich zu dir. Evangelisches Gesangbuch. Ausgabe für Niedersachsen und Bremen, 1994, Nr. 299,1.
   Margret Thatcher: Ingrid Trobisch. Du bist eine starke Frau. Wuppertal/Zürich: SCM R.Brockhaus, 1995, S. 118.
29. Tischreden.
   Sonntagsblatt, http://www.sonntagsblatt-bayern.de/news/aktu ell/2008_27_22_01.htm, 29.11.2012.
30. Tischreden.
   Kurt Tucholsky: Uni Freiburg, http://meister.igl.uni-freiburg. de/gedichte/tuc_k08.html, 29.11.2012.
31. Jörg Buchna. Luthers neue Wochensprüche. Selbstverlag, 2010, 9. Woche.
   Teresa von Avila: Evangelisches Gesangbuch. Ausgabe für Bayern und Thüringen, 1994, Nr. 877,3.
32. Zitate Datenbank, http://www.evangeliums.net/zitate/suche. php, 09.11.2012.
33. Tischreden.

Demut: Norbert Schnabel (Hrsg.). Worte, die zum Leben führen. Witten: SCM R.Brockhaus, 2012.

34. Zeltmacher Nachrichten, http://www.zeltmacher-nachrichten.eu/content/luthers-beitrag-zur-predigtlehre, 29.11.2012.

35. Jörg Buchna. Luthers neue Wochensprüche. Selbstverlag, 2010, 1. Woche.

36. Tischreden.
Dietrich Bonhoeffer: Gratis-Spruch.de, http://www.gratis-spruch.de/spruch/autor/sprueche/Bonhoeffer-Dietrich/aid/52/seite/4/, 29.11.2012.

37. Tischreden.

38. Tischreden.

39. Tischreden 2652 a.
Achte auf deine Gedanken: http://www.c-mmm.de/gedichte/talmud.html, 29.11.2012.

40. Martin Luther. Der kleine Katechismus. Das vierte Hauptstück zum Dritten. Evangelisches Gesangbuch. Ausgabe für Bayern und Thüringen, 1994, Nr. 905,4.

41. Martin Luther. WA 17 I, 265, S. 3–5.
Römischer Brunnen: Wikipedia, http://de.wikipedia.org/wiki/Der_r%C3%B6mische_Brunnen, 29.11.2012.
Martin Luther: Christentum.ch, http://www.christentum.ch/luther.htm, 29.11.2012.
Gönne dich dir selbst: Nach Wunibald Müller. Gönne dich dir selbst. Münsterschwarzach: Vier-Türme-Verlag, 2004.

42. Martin Luther. Die beste Zeit im Jahr ist mein. Evangelisches Gesangbuch. Ausgabe für Niedersachsen und Bremen, 1994, Nr. 319, 1+4.

43. Martin Luther. WA 48, S. 241; WA TR 5, S. 317f.

44. Tischreden.

45. Heinz-Peter Hempelmann. Was sind denn diese Kirchen noch …? Christlicher Wahrheitsanspruch vor den Provokationen der Postmoderne. Witten: SCM R.Brockhaus, 2006.

Die Bibel nach der Übersetzung Martin Luthers in der revidierten Fassung von 1984. Durchgesehene Ausgabe in neuer Rechtschreibung. © 1984 Deutsche Bibelgesellschaft, Stuttgart.

46. Martin Luther. An die Ratsherren aller Städte deutschen Landes, 1521. S. 67f.

Angela Merkel: Die Bundesregierung, http://www.bundesregierung.de/Content/DE/Regierungserklaerung/2009/2009-11-10-merkel-neue-Regierung.html, 29.11.2012.

47. Martin Luther zugeschrieben.

48. Zitate Datenbank, http://www.evangeliums.net/zitate/suche.php, 09.11.2012.

Max Frisch: Margret Wanner. Treffend gesagt. Gießen/Basel: Brunnen-Verlag, 1989, S. 489.

49. Martin Luther. Ein feste Burg ist unser Gott. Evangelisches Gesangbuch. Ausgabe für Niedersachsen und Bremen, 1994, Nr. 362,3.

50. Tischreden I, 250.

51. Tischreden I, 137.

52. Tischreden 7052.

Theodor Storm: Zitate, http://www.zitate-online.de/autor/storm-theodor/, 29.11.2012.

Fjodor M. Dostojewski: Fair Social Creativ, http://www.fair-social.net/fair-social/24889.html, 29.11.2012.

Ute Lauterbach: 1001 Aphorismen, http://www.aphorismen.de/display_aphorismen.php, 29.11.2012.

Optimist: Zitate.de, http://www.zitate.de/db/ergebnisse.php?sz=2&stichwort=&kategorie=Optimist&autor=, 29.11.2012.

Wilhelm Busch. Zitate, http://www.zitate-online.de/literaturzitate/allgemein/16112/wer-durch-des-argwohns-brille-schaut-sieht.html, 29.11.2012.

Plato: Zitate, http://www.zitate-online.de/stichworte/guetig-denn-alle-menschen-denen-begegnest/, 29.11.2012.

Goethe: Zitate, http://www.zitate-online.de/stichworte/nicht-genug-wissen-muss-anwenden/, 29.11.2012.

53. Tischreden.

54. Tischreden 4857 g.

55. Martin Luther. Brief an Nikolaus Hausmann. WA Br. 1303.

56. Martin Luther. Nun freut euch, lieben Christen g'mein. Evangelisches Gesangbuch. Ausgabe für Niedersachsen und Bremen, 1994, Nr. 341,1+7.

57. Martin Luther. 7. Invokavitpredigt. WA 36, S. 425.

58. Martin Luther. Sendbrief zum Dolmetschen, 1530.
Liza Kirk: Zikade, http://www.zikade.de/zetter/aphorismen/du.htm, 30.11.2012.

59. Jörg Buchna. Luthers neue Wochensprüche. Selbstverlag, 2010, 23. Woche.

60. Nach Martin Luther. Von der Freiheit eines Christenmenschen (1520). Hamburg: Siebenstern-Verlag, 1964.

61. Psalm 23. Die Bibel oder die ganze Heilige Schrift des Alten und Neuen Testaments nach der deutschen Übersetzung Martin Luthers. Neu durchgesehen nach dem vom Deutschen Evangelischen Kirchenausschuss genehmigten Text (1912). Deutsche Bibelgesellschaft, Stuttgart.
Chronist aus Magdeburg: Killy, Walter: Luther-Ruhm und Luther-Kitsch. In: Die Zeit – Stand: 04.11.1983. – http://www.zeit.de/1983/45/luther-ruhm-und-luther-kitsch, 30.11.2012.

62. Jörg Buchna. Luthers neue Wochensprüche. Selbstverlag, 2010, 50. Woche.

63. Tischreden.
Bonhoeffer: In: Die Zeit – Stand: 12.11.2009. – http://www.zeit.de/2009/47/Vorbilder-Bonhoeffer, 30.11.2012.

64. Tischreden.

65. Jörg Buchna. Luthers neue Wochensprüche. Selbstverlag, 2010, 22. Woche.

66. Jörg Buchna. Luthers neue Wochensprüche. Selbstverlag, 2010, 14. Woche.

Martin Buber: aus: Die Erzählungen der Chassidim, © Manesse Verlag, Zürich, Martin Buber, http://buber.de/de/chassidim, 01.12.2012.

Kennedy: Zitate, http://www.zitate-online.de/autor/kennedy-john-f/, 01.12.2012.

67. Tischreden.

68. Zitate Datenbank, http://www.evangeliums.net/zitate/suche.php, 16.11.2012.

Bonhoeffer: Wikipedia, http://de.wikipedia.org/wiki/Dietrich_Bonhoeffer, 01.12.2012.

69. WA 6, 461, S. 2–4.

70. Zitate Datenbank, http://www.evangeliums.net/zitate/suche.php, 09.11.2012.

Martin Luther King: Evangelische Kirche von Kurhessen-Waldeck, http://www.ekkw.de/busstag/07/gebete.htm#06, 01.12.2012.

71. Zitate Datenbank, http://www.evangeliums.net/zitate/suche.php, 16.11.2012.

Dorothee Sölle: In: Bärbel Wartenberg-Potter. Was tust du, fragt der Engel. Freiburg im Breisgau: Herder-Spektrum, 2004, S. 18.

72. WA Br 2, S. 332–334. Zitiert nach: Martin Luther: Ausgewählte Schriften.

73. WA. Luthers Briefwechsel. 5. Band, S. 444.

»Des Christen Herz auf Rosen geht«: Dr. Martin Luther Grundschule und Hort, http://www.mls-zwickau.de/cms44/122/, 01.12.2012.

74. Martin Luther. Briefe. Nummer 348 vom 14. Februar 1546.

75. Tischreden. Pfarrerverband.de, http://www.pfarrerverband.de/pfarrerblatt/index.php?a=show&id=3264, 01.12.2012.

76. Tischreden.

77. Martin Luther: Heidelberger Disputation. Wikipedia, http://de.wikiquote.org/wiki/S%C3%BCnde, 01.12.2012.

Tetzel: Martin Luther, http://www.luther.de/leben/anschlag/, 01.12.2012.

Sagan: Zitate.de, http://www.zitate.de/db/ergebnisse.php?sz=9 &stichwort=&kategorie=Alter&autor=, 01.12.2012.

78. Jörg Buchna. Luthers neue Wochensprüche. Selbstverlag, 2010, 10. Woche.

79. Jörg Buchna. Luthers neue Wochensprüche. Selbstverlag. 2010, 4. Woche.

Karl Valentin: Christuskirche, www.christuskirche-mm.de/Ar chiv/archiv.html, 01.12.2012.

80. Zitate Datenbank, http://www.evangeliums.net/zitate/suche. php, 09.11.2012.

81. Tischreden.

82. Tischreden.

83. Zitate Datenbank, http://www.evangeliums.net/zitate/suche. php, 09.11.2012.

84. Martin Luther. Der kleine Katechismus. Erklärung zum 9. Ge-bot. Evangelisches Gesangbuch. Ausgabe für Bayern und Thü-ringen, 1994, Nr. 905,1.

85. Tischreden.

Oskar Kokoschka: Zitate, http://www.zitate-online.de/autor/ kokoschka-oskar/seite1.html, 01.12.2012.

86. Martin Luther. WA 6, 407, S. 10–16; 409, S. 6–10.

87. Zitate.de, http://www.zitate.de/autor/Luther%2C+Martin/, 19.11.2012.

88. Martin Luther. WA 30 II, 127, S. 21f.

Mark Twain: Was Männer hören wollen. Tagesanzeiger – Stand 25.11.2011. – http://www.tagesanzeiger.ch/leben/gesell schaft/Was-Maenner-hoeren-wollen/story/11609414, 01.12.2012.

89. Jörg Buchna. Luthers neue Wochensprüche. Selbstverlag, 2010, 17. Woche.

90. Volker Keding. Luther und der Heilige Geist. Aus: Aufatmen, Sommer 2006, SCM Bundes-Verlag.

Busch: Universität Mainz, http://www.staff.uni-mainz.de/pom
meren/Gedichte/Busch/Schein/schein.htm, 01.12.2012.

91. Martin Luther. Ein feste Burg ist unser Gott. Evangelisches
Gesangbuch. Ausgabe für Niedersachsen und Bremen, 1994,
Nr. 362,1–2.

92. Zitate Datenbank, http://www.evangeliums.net/zitate/suche.
php, 09.11.2012.
Mahatma Gandhi: Einbecker Morgenpost, http://www.ein
becker-morgenpost.de/_files/epaper/public/2012/03/21/files/
assets/basic-html/page3.html, 01.12.2012.

93. Tischreden.

94. Zitate Datenbank, http://www.evangeliums.net/zitate/suche.
php, 09.11.2012.
Sören Kierkegaard: Zitate, http://www.zitate-online.de/litera
turzitate/allgemein/16989/leben-laesst-sich-nur-rueckwaerts-
verstehen.html, 01.12.2012.

95. Martin Luther. Abendsegen. Evangelisches Gesangbuch. Ausgabe für Niedersachsen und Bremen, 1994, Nr. 852.

Heidrun Kuhlmann

Himmelsglanz und Erdenschwere
Erfrischende Erfahrungen

Paperback, 13,5 x 20,5 cm, 160 S.
Nr. 395.306, ISBN 978-3-7751-5306-5

Erfrischende Texte machen Mut, im »erdenschweren« Alltag den
»Himmelsglanz« zu sehen, neu auf die Gegenwart Gottes zu
achten, seine Fürsorge und Leitung wahrzunehmen. Lebensnah
und echt – das ist das Markenzeichen der Texte Heidrun Kuhl-
manns.

Heidrun Kuhlmann

Seelenfutter
Frische Energie für die Alltage
unseres Lebens

Paperback, 13,5 x 20,5 cm, 144 S.
Nr. 395.305, ISBN 978-3-7751-5305-8

Wenn der Alltag uns überrollen will, brauchen wir frische Energie. Worte, die uns den Rücken stärken und uns beflügeln. Wir
brauchen etwas für Herz und Geist, das stabil und mutig macht
für das, was das Leben uns Tag für Tag abverlangt. Wir brauchen
Seelenfutter!

Bitte fragen Sie in Ihrer Buchhandlung nach diesen Büchern!
Oder schreiben Sie an: SCM Hänssler, D-71087 Holzgerlingen;
E-Mail: info@scm-haenssler.de; Internet: www.scm-haenssler.de

Heidrun Kuhlmann

Prädikat wertvoll
Den eigenen Wert entdecken und leben

Taschenbuch, 11 x 18 cm, 64 S.
Nr. 395.304, ISBN 978-3-7751-5304-1

In ihrer natürlichen Art geht Heidrun Kuhlmann in diesem Buch der Frage nach, wie wir unseren Wert entdecken und leben können. Was lässt uns immer wieder an unserem Wert zweifeln? Woher bekommt der Mensch seinen Wert? Sie findet lebens- und alltagsnahe Antworten.

Alrun Rehr (Hrsg.)

Luthers Wegweiser für jeden Tag

Gebunden, 13,5 x 20,5 cm, 400 S.
Nr. 395.309, ISBN 978-3-7751-5309-6

Seine unübertroffene Sprachmacht beweist Martin Luther auch in seinen kurzen Bibel-Auslegungen. Die Luther-Worte wurden behutsam in ein heutiges Deutsch übertragen und mit einem Schlüsselvers für jeden Tag versehen. Ein hilfreicher Begleiter für die tägliche Andacht.

Bitte fragen Sie in Ihrer Buchhandlung nach diesen Büchern!
Oder schreiben Sie an: SCM Hänssler, D-71087 Holzgerlingen;
E-Mail: info@scm-haenssler.de; Internet: www.scm-haenssler.de